Whiting / Gehendges
Jener September

Die Tragödie um den polnischen Adler. Hinter der Wehrmacht die SS mit ihren Einsatzgruppen. Das Leiden der Millionen hat begonnen.

1 *Hitler, Himmler und ein Leutnant mit dem erbeuteten Feldzeichen des polnischen 8. Schützen-Regiments zu Pferde.*

Charles Whiting
Friedrich Gehendges

Jener September

Europa beim Kriegsausbruch 1939

Ein Bild/Text-Band

Droste Verlag Düsseldorf

Fotonachweis:

Bundesarchiv, Koblenz (78), Imperial War Museum, London (19), Archiv H.J. Bongartz, Düsseldorf (10), Sammlung Whiting (32), Sammlung Gehendges (25).

Schutzumschlag- und Buchgestaltung: Helmut Schwanen
Gesamtherstellung: Clausen & Bosse, Leck
Lithos: Droste Klischee und Litho, Düsseldorf
ISBN 3-7700-0548-1

Inhalt

"All the News That's Fit to Print."

The New York Times.

EXTRA

VOL. LXXXVIII...No. 29,805. NEW YORK, FRIDAY, SEPTEMBER 1, 1939. THREE CENTS

GERMAN ARMY ATTACKS POLAND; CITIES BOMBED, PORT BLOCKADED; DANZIG IS ACCEPTED INTO REICH

BRITISH MOBILIZING

Navy Raised to Its Full Strength, Army and Air Reserves Called Up

PARLIAMENT IS CONVOKED

Midnight Meeting Is Held by Ministers—Negotiations Admitted Failure

Bulletins on Europe's Conflict

HOSTILITIES BEGUN

Warsaw Reports German Offensive Moving on Three Objectives

ROOSEVELT WARNS NAVY

Also Notifies Army Leaders of Warfare—Envoys Tell of Bombing of 4 Cities

FREE CITY IS SEIZED

Forster Notifies Hitler of Order Putting Danzig Into the Reich

ACCEPTED BY CHANCELLOR

Poles Ready, Made Their Preparations After Hostilities Appeared Inevitable

Hitler Acts Against Poland

The port of Gdynia, north of Danzig (toward top of map), was blockaded this morning. At Gleiwitz (shown by cross) artillery fire was heard after a Polish-German skirmish had been reported there. Cracow, to the east, was among Polish cities said to have been bombed.

HITLER GIVES WORD

In a Proclamation He Accuses Warsaw of Appeal to Arms

FOREIGNERS ARE WARNED

They Remain in Poland at Own Risk—Nazis to Shoot at Any Planes Flying Over Reich

DALADIER SUMMONS CABINET TO CONFER

News of Attack on Poland Spurs Prompt Action—Military Move Thought Likely

BRITISH CHILDREN TAKEN FROM CITIES

3,000,000 Persons Are in First Evacuation Group, Which Is to Be Moved Today

Soviet Ratifies Reich Non-Aggression Pact; Gibes at British and French Amuse Deputies

Hitler Tells the Reichstag 'Bomb Will Be Met by Bomb'

Chancellor Vows 'Fight Until Resolution' Against Poland—Gives Order of Succession As Goering, Hess, Then Senate to Choose

2 *Extrablatt der ‹New York Times›, Freitag, 1. September 1939: Die deutsche Wehrmacht greift Polen an. Steht ein zweiter Weltkrieg bevor?*

Vorwort

September 1939. Jener September! Jener schicksalhafte Monat des Jahres 1939, der möglicherweise mindestens für den Rest des 20. Jahrhunderts Deutschland in zwei einander gegenüberstehende politische Systeme zerriß. Jener Monat, der die Karte Mitteleuropas entscheidend umgestaltete, das Ende zweier mächtiger Reiche einleitete und nicht zuletzt den Aufstieg der beiden gegenwärtig dominierenden Großmächte heraufbeschwor.
September 1939. Nur vierzig Jahre liegt er zurück und scheint dennoch bereits einem anderen Zeitalter anzugehören. Wie naiv und einfältig scheinen doch – Hitler nicht ausgenommen – die Staatsmänner, blickt man heute auf ihr Tun zurück: als hätten sie sich in einem Spiel gewähnt, in dem es kein Verlieren gab.
Chamberlain, der britische Premier, und Daladier, Frankreichs Ministerpräsident, die wohl keinen Augenblick lang geglaubt hatten, irgendwann einmal zur Einlösung der Polen gegebenen Versprechen aufgerufen zu werden. Oberst Beck, polnischer Außenminister, der immer wieder starke Reden führte und sich gebärdete, als stünde hinter ihm eine hochmoderne, vollmotorisierte Armee wie die der Deutschen und nicht die waffentechnisch veraltete polnische, die sich wesentlich auf den Einsatz von Pferden stützte. Und schließlich der seinen verbrecherischen Fanatismus tarnende überhebliche «Führer» «Großdeutschlands», der glaubte, auch den Westmächten gewachsen zu sein, und darauf vertraute, daß alles seinen Vorstellungen entsprechend verlief, wenn er nur laut genug drohte. Sie allesamt wurden Opfer auch ihrer eigenen Selbstüberheblichkeit und Selbsttäuschung.
Den ersten Akt des gewaltigsten aller Kriege, der diesen Wurzeln entsprang, gewann Hitler in jenem September. Polen unterlag im heißen Krieg und die Westmächte im diplomatischen Wortgefecht. Doch die Vergeltung für Deutschland sollte furchtbar sein. 4 Millionen seiner Soldaten und 500 000 Zivilisten sollten in den kommenden sechs Jahren ihr Leben lassen. Das «Tausendjährige Reich», das nur zwölf Jahre Bestand hatte, brachte unendliches Leid über die Welt. Es endete selbst in Flucht, Tod und Vernichtung. Als der große Krieg schließlich vorüber war, hatte er 55 Millionen das Leben gekostet: sechs Millionen Polen*, 600 000 Franzosen, 463 000 Engländern und bis zwanzig Millionen – die unvorstellbar große Zahl läßt keine endgültige Festlegung zu – Russen, ein Drittel davon Zivilisten.
Dieses Buch erzählt die Geschichte des Kriegsbeginns, gesehen mit den Augen der «Großen» und «Kleinen» jener Tage, deren Heimatländer in Europa schon bald in den großen Krieg hineingezogen wurden. Sie wurden zu Zeugen eines Geschehens weniger Wochen, das zum ersten Akt einer ungeahnten Tragödie werden sollte. Sie nahm ihren Anfang in «Jenem September»...

* Amtliche polnische Schätzung aus dem Jahre 1946

September 1979

Charles Whiting
Friedrich Gehendges

3 *Während der Kriegserklärung Hitlers an Polen vor der Krolloper in Berlin.*

Wie es begann

> «... Das schwierigste Problem, das ich vorfand, war das deutsch-polnische Verhältnis... In Polen herrschte nun keine Demokratie, sondern ein Mann! Mit ihm gelang es in knapp einem Jahr ein Übereinkommen zu erzielen... Wir alle sind überzeugt, daß dieses Abkommen eine dauernde Befriedigung mit sich bringen wird... Es war eine wirkliche Friedenstat...»
>
> *Hitler* zum deutsch-polnischen Verhältnis am 26.9.1938

Um genau 10.50 Uhr am 21. August 1939 tickte in Berchtesgaden der Fernschreiber. Die Hitler vorgelegte Meldung lautete:

«An den Reichskanzler Deutschlands, Herrn A. Hitler. Ich danke für den Brief. Ich hoffe, daß der deutsch-sowjetische Nichtangriffspakt eine Wendung zur ernsthaften Besserung der politischen Beziehungen zwischen unseren Ländern schaffen wird.
Die Völker unserer Länder bedürfen friedlicher Beziehungen zueinander; das Einverständnis der Deutschen Regierung mit dem Abschluß eines Nichtangriffspaktes schafft die Grundlage für die Liquidierung der politischen Spannungen und für die Aufrichtung des Friedens und die Zusammenarbeit zwischen unseren Ländern. Die Sowjetregierung hat mich beauftragt, Ihnen mitzuteilen, daß sie einverstanden ist mit dem Eintreffen des Herrn von Ribbentrop in Moskau am 23. August.

J. Stalin»

Hitler war außer sich vor Freude: «Jawohl, endlich! Wir haben es geschafft. Jetzt können wir jedem ins Gesicht spucken!» Dann wandte er sich seinem Außenminister, dem ehemaligen Sekt-Repräsentanten Ribbentrop, zu, auf den das Geheimabkommen zwischen Deutschland und Sowjet-Rußland zurückging, und trug ihm auf: «Dietrich* soll es sofort bekanntgeben!» Jetzt endlich hatte er freie Hand für das seit längerem geplante Vorhaben gegenüber Polen.

*

Jahrelang hatte Hitler seit der NS-Machtergreifung 1933 genau entgegengesetzten Kurs zu steuern versucht: mit Warschau gegen Moskau. Der deutsch-polnische Verständigungs- und Nichtangriffspakt vom 26. Januar 1934 konnte als international anerkannter Erfolg einer friedlichen Politik des Ausgleichs gelten. Seit 1935 lärmte Hitler immer lauter gegen die angebliche «Gefahr des Bolschewismus für den Weltfrieden» und betonte die «wahrhaft europäische Mission» von Deutschlands Stellung «als Bollwerk gegen den Kommunismus». Die Sowjetunion dagegen kam zu einer Annäherung mit den Westmächten und schließlich zu einem Bündnissystem mit Frankreich und der Tschechoslowakei.
Am 11. März 1938 marschieren reichsdeutsche Truppen in Österreich ein. Nach dem ‹Anschluß›, der Annexion Österreichs, ist für Hitler die seit langem schwelende Frage des Selbstbestimmungsrechts der Sudetendeutschen ein neues Vehikel für die rücksichtslose nationalsozialistische Außenpolitik. Hitlers Gebietsforderungen und seine Drohungen beschwören die «Sudetenkrise» herauf. Hitler preßt in der Konferenz vom 29. September 1938 mit Chamberlain, Daladier und Mussolini den verzweifelt um Frieden bemühten Westmächten das Münchner Abkommen ab. Die Prager Regierung wird zur Abtretung des Sudetenlandes an Deutschland gezwungen. Der Friede schien gerettet. Aber Hitler war nur noch einen Schritt von seinem nächsten Ziel entfernt. Im März 1939 befahl er den Einmarsch in die Rest-Tschechei. Das unter Druck geschaffene «Reichsprotektorat Böhmen

* Reichspressechef

und Mähren» wurde dem Deutschen Reich eingegliedert. Die Slowakei stellte sich «unter den Schutz des Reiches». Diese Gewaltaktion zerstörte das internationale Vertrauen vollends. Chamberlain kündigte das Ende der Appeasement-Politik, der Konzessionsbereitschaft gegenüber Deutschland an: «Ist dies der letzte Angriff auf einen kleinen Staat, oder sollen ihm weitere folgen? Ist dies sogar ein Schritt in der Richtung auf den Versuch, die Welt durch Gewalt zu beherrschen?» Die Wende zum Krieg war da. Noch im selben Monat März übergab Litauen auf deutschen Druck das Memelgebiet an das Reich.

Jetzt wandte Hitler seine ganze Aufmerksamkeit Polen zu. Seine jahrelangen Versuche, den östlichen Nachbarn für eine antisowjetische Politik mit dem Ziel der Eroberung der Ukraine zu gewinnen, erwiesen sich spätestens Anfang 1939 als Fehlschlag. Polens Politiker ließen sich bei allen eigenen wirtschaftspolitischen ukrainischen Ambitionen nicht zu Werkzeugen von Hitlers ganz offensichtlicher Agressionspolitik machen. Sie hofften stattdessen, in Überschätzung der damaligen Möglichkeiten, auf ein Polen von der Bedeutung und Ausstrahlung einer «dritten Kraft» in Europa.

Die unglückseligen Belastungen deutsch-polnischer Geschichte, auch alle Probleme, die es, insbesondere durch die Gebietsabtretungen und das Verhältnis zu den nationalen Minderheiten, seit dem Ersten Weltkrieg zwischen beiden Nationen gab: verhängnisvoller Irrtum je anzunehmen, daß ein Hitler sie je friedlich lösen könnte oder wollte.

Um die Ergebnisse des Versailler Vertrages nach der Niederlage des Ersten Weltkrieges zu revidieren, zunehmend aber für seine Ideologie ‹Lebensraum im Osten›, verfolgte Hitler zunächst zwei Ziele. Das erste war Danzig an der Mündung der Weichsel in die Ostsee. Die prächtige alte Hansestadt, aufgrund des Versailler Vertrages 1920 als Freistaat vom Reich abgetrennt und wirtschaftlich eng an Polen gebunden, unterstand einem vom Völkerbund ernannten Kommissar. Im Volkstag des Freistaates, mit seinen 408 000 deutschen und 12 000 polnischen Einwohnern, hatten die Nationalsozialisten seit 1933 die Mehrheit. Sie besaßen die Macht im Senat. Die fortschreitende verfassungswidrige nationalsozialistische Gleichschaltungspolitik hatte die Reste der übrigen Parteien bereits 1936/37 verschwinden lassen. Danzig aber war für Hitler kein Ziel ersten politischen Ranges. Jetzt nicht mehr und wahrscheinlich nie. In einer Befehlshaberbesprechung am 23. Mai erklärte er: «Danzig ist nicht das Objekt, um das es geht, sondern die Gewinnung des Lebensraumes im Osten.»

Zum zweiten zielten Hitlers erklärte Absichten auf den polnischen Korridor. Dies war ein 30 bis 90 Kilometer breiter Landstreifen, die Verbindung Polens mit dem Meer, mit Danzig und mit der benachbarten polnischen Hafenstadt Gdingen. Diesen Korridor fanden schon Politiker der Weimarer Republik und vollends Hitler unerträglich, da er das Deutsche Reich in zwei Teile spaltete. Deutsche, die etwa von Berlin in das ostpreußische Königsberg reisen wollten, mußten das polnische Gebiet in verschlossenen Eisenbahnwagen durchqueren oder aber den Weg über die Ostsee nehmen.

Die ersten Ersuchen zur Lösung dieser Fragen richtete Hitler seit Oktober 1938 mehrfach noch in gemäßigtem Ton an die Polen. Für die Rückgliederung Danzigs an das Reich stellte er seinerseits eine langfristige Garantie der deutsch-polnischen Grenze in Aussicht. Des weiteren schlug er eine exterritoriale Autobahn und Eisenbahnstrecke durch den Korridor vor. Am 21. März 1939, keine Woche nach dem Tschechei-Handstreich, wurde das deutsche Angebot erneuert.

Polen blieb mißtrauisch und vollzog zwei Tage später im Korridor die Teilmobilmachung. Der polnische Außenminister Beck lehnte Hitlers Ansinnen rundweg ab. Stattdessen konnte er ein Gespräch mit dem britischen Premierminister Chamberlain arrangieren, der seinerseits nach jahrelangem Nachgeben gegenüber Hitler jetzt seinem Volke als standhafter Politiker gegenübertreten wollte. Als Ergebnis dieses Gespräches gab Chamberlain am 31. März eine englisch-französische Garantieerklärung für Polen ab, für dessen Freiheit und Unverletzlichkeit. Diese Wendung der Dinge beunruhigte Hitler. Die Polen traten jetzt bedeutend selbstbewußter und lautstärker auf, zumal auch der amerikanische Präsident Roosevelt Hitler und

◁ 4 *Im Zuge der Rheinlandbesetzung, dem von Hitler befohlenen Einmarsch in die laut Vertrag von Versailles entmilitarisierte Zone, rücken im März 1936 deutsche Truppen auch wieder in die Moselmetropole Trier ein.*

Mussolini aufforderte, sich weiterer Überfälle zu enthalten.

> «Großbritanniens Grenze verläuft nun nicht mehr am Rhein, sondern an der Weichsel.»
> *Daladier*
> Französischer Ministerpräsident
> 1939
> «Die Briten müssen verrückt sein!»
> *Gafencu*
> Rumänischer Außenminister
> Mai 1939
> «Noch nie zuvor in unserer ganzen Geschichte haben wir die Entscheidung darüber, ob Großbritannien in einen Krieg verstrickt wird oder nicht, in die Hand eines so kleinen Staates gelegt.»
> *Alfred Duff Cooper*
> Exminister
> «Jeder Versuch, den Freistaat dem Reich einzuverleiben, wird unweigerlich zum Konflikt führen.»
> *Beck*
> Polnischer Außenminister
> 1939

Während Franzosen, Engländer und Russen jetzt im April vergeblich Einvernehmen über einen Dreierbund, u.U. unter Einschluß Polens, suchten, bahnte sich eine Verständigung zwischen Hitlers Außenpolitik und der Sowjetunion an, die ihrerseits in monatelangem Doppelspiel die Annäherung an Deutschland abtastete.

Hitler wollte die Hände frei haben – zumindest von östlicher Seite her –, wenn die Zeit für ernste Auseinandersetzungen mit Polen herannahte. Erst gegen Ende Juli aber entschloß er sich, die Initiative voll zu ergreifen. In den frühen Morgenstunden des 15. August erhielt Graf Schulenburg, der deutsche Botschafter in Moskau, ein Telegramm Ribbentrops. Es enthielt die Weisung, sofort Molotow, seit Anfang Mai neuer sowjetischer «Außenkommissar», aufzusuchen. Schulenburg sollte ihm mitteilen, er, Ribbentrop, sei bereit, «zu einem kurzen Besuch nach Moskau zu kommen, um im Namen des Führers Herrn Stalin die Auffassung des Führers auseinanderzusetzen». Hitler, dem offenbar die diplomatischen Aktivitäten in Moskau nicht schnell genug gingen, telegrafierte Stalin am 20. August und bestand darauf, daß Ribbentrop am 23. August empfangen würde. Und jetzt war das unmöglich erscheinende Ziel erreicht. Hitler hatte den notwendigen Bewegungsspielraum.

> «Hatten nicht die Engländer bereits den Pakt mit den Russen fix und fertig, Kordt? Mein lieber Freund, wie konnten Sie sich von ihnen so täuschen lassen! Dieser Emil* ist verschlagener als Sie denken – und noch viel hinterhältiger als Ihre Londoner Freunde.»
> *Admiral Canaris* von der Abwehr zu
> Dr. Erich Kordt vom Auslandsamt,
> August 1939

*

Der 23. August 1939 war ein schicksalhafter Tag für Europa. Ribbentrop wurde am Nachmittag in Moskau von einer Musikkapelle mit «Deutschland, Deutschland über alles» empfangen und vom Flugplatz zu seiner Begegnung mit Stalin in den Kreml gefahren. Hier meinte der ehemalige deutsche Botschafter in London zu seinem Gesprächspartner: «England ist schwach und trachtet danach, andere für seine Weltherrschaft kämpfen zu lassen.» Stalin äußerte die gleiche Meinung und ergänze Ribbentrops Äußerungen durch die Feststellung, daß England bereits zu lange die Welt beherrscht habe.

> «Ich weiß, wie sehr das deutsche Volk seinen Führer liebt. Ich möchte deshalb auf sein Wohl trinken.»
> *Stalin*
> am 23. August 1939

Schließlich, lange nach Mitternacht, unterzeichneten Russen und Deutsche unter den Kamerablitzen der Zeitungsreporter den deutsch-sowjetischen Nichtangriffspakt. Was den Korrespondenten aller Herren Länder jedoch verborgen blieb, war das zum Vertrag gehörende geheime Zusatzprotokoll, das Hitlers Preis für die russische Neutralität festsetzte: «Für den Fall einer territorial-politischen Umgestaltung der zum polnischen Staate gehörenden Gebiete werden die Interessensphären

---

* «Emil» = Hitler

5 *Zu Hitlers Rede vom 17. Mai 1933 erschien in Amerika diese vielsagende Karikatur.*

6 *Am 24. September 1939 führte der «Völkische Beobachter» seinen Lesern vor Augen, worauf der deutsche Anspruch gegenüber Polen begründet war und warum Gdingen, Polens neuer Hafen, in «Gotenhafen» umzubenennen war.*

Deutschlands und der UdSSR ungefähr durch die Linie der Flüsse Narew, Weichsel und San abgegrenzt.»

Erneut stand Polen eine Teilung, jetzt allein zwischen Deutschen und Russen, bevor. Sein Schicksal war damit besiegelt.

Am frühen Morgen des 24. August kehrte von Ribbentrop übernächtigt in die deutsche Botschaft zurück und ließ die sechs höchsten Botschaftsangehörigen zu sich kommen, die Kenntnis von dieser folgenschweren Geheimklausel besaßen. Botschafter von der Schulenburg hob in Ribbentrops Gegenwart die Hand zum «deutschen Gruß» und sagte: «Wir alle wollen als loyale Angehörige des Großdeutschen Reiches Adolf Hitlers schwören, nie etwas von der Existenz einer geheimen Zusatzvereinbarung zu dem heute nacht unterzeichneten Abkommen verlauten zu lassen.» Die Versammelten kamen dieser Aufforderung ohne Zögern nach und leisteten einen feierlichen Eid.

Entscheidend war jetzt nur mehr die Frage, ob die westlichen Verbündeten Polen wirklich in Schutz nahmen und zu ihrem Versprechen mit diesem in Kampfesstimmung versetzten Volk standen.

> «Keiner wird Danzig von uns losreißen. Jahrhundertelang war die Stadt mit Polen vereint und wird es auch bleiben.»
> *Marschall Rydz-Smigly*
> August 1939

*

7 *Das britische Kabinett zu Beginn des Krieges. Neben Premierminister Chamberlain (Mitte sitzend) sind vor allem hervorzuheben: Außenminister Lord Halifax (vorne links), Minister für Koordination der Verteidigung Lord Chatfield (vorne rechts), Kriegsminister Hore-Belisha (hintere Reihe 3. von links), erster Lord der Admiralität Churchill (rechts daneben), Luftfahrtminister Sir Wood (stehend dritter von rechts) und Dominienminister Eden (rechts daneben). Das Kabinett leitete das britische Kriegsgeschick bis zum 10. Mai 1940, als Chamberlain durch Churchill abgelöst wurde.*

8 *«... und so zur Erhaltung des Friedens in Europa beizutragen.» Hitlers und Chamberlains Unterschriften unter dem Kommuniqué vom 30. September 1938, das die Menschen in Europa wieder hoffen ließ.*

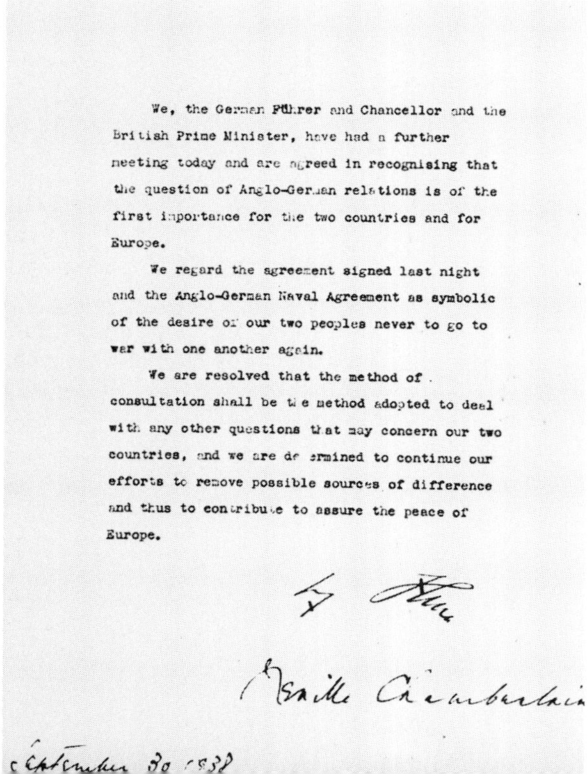

We, the German Führer and Chancellor and the British Prime Minister, have had a further meeting today and are agreed in recognising that the question of Anglo-German relations is of the first importance for the two countries and for Europe.

We regard the agreement signed last night and the Anglo-German Naval Agreement as symbolic of the desire of our two peoples never to go to war with one another again.

We are resolved that the method of consultation shall be the method adopted to deal with any other questions that may concern our two countries, and we are determined to continue our efforts to remove possible sources of difference and thus to contribute to assure the peace of Europe.

A Hitler

Neville Chamberlain

September 30 1938

In Frankreich war man entschlossen, Hitler Widerstand zu leisten. Nach einer Kabinettssitzung, die sich eingehend mit diesem Verhalten beschäftigt hatte, trat jedoch General Gamelin, seit 1935 General-Inspekteur des französischen Heeres, auf Ministerpräsident Daladier zu und sagte: «Sie werden Verständnis dafür haben, daß ich es nicht für ratsam hielt, die Mängel und Schwächen zu erwähnen, die in unserer Bewaffnung und der Rüstungsproduktion bestehen.» Und das kurz nachdem er dem Kabinett vom hervorragenden Zustand der französischen Armee berichtet hatte!
Auch in London gab man sich entschlossen. Chamberlain, der wußte, daß die Nation seiner Beschwichtigungspolitik überdrüssig war, mußte Hitler diesmal entschieden Einhalt gebieten, wenn er politisch überleben wollte. Als daher das Zustandekommen des deutsch-sowjetischen Paktes öffentlich bekanntgegeben war, kündigte er auch umgehend seinem Kabinett ein unmißverständliches Schreiben an Hitler an, in dem er letzterem vor Augen halten werde, daß «was auch immer Gegenstand des deutsch-sowjetischen Abkommens sein mag», Großbritanniens Verpflichtungen gegenüber Polen dadurch nicht betroffen seien.

«Die polnische Armee wird den Deutschen tapferen und ehrenhaften Widerstand leisten. Das kalte und schlechte Wetter wird schon bald alle Aktionen entscheidend behindern, so daß, wie ich glaube, der Krieg im Osten noch im Frühjahr 1940 andauern wird. Das wird der französischen Armee genügend Zeit geben, sich durch auf dem Kontinent gelandete britische Divisionen zu verstärken.»
General Gamelin
Frankreich am 25. August 39

Bereits am nächsten Tag überbrachte der britische Botschafter in Berlin, Henderson, Chamberlains Brief in die Reichskanzlei. Doch die Einlassungen des britischen Premierministers waren Hitler nicht mehr neu. Sein Dechiffrierdienst hatte längst Chamberlains Anweisungen, die über Fernschreiben an Henderson gelangt waren, aufgefangen und dechiffriert, so daß er auf den Inhalt des Schreibens bestens vorbereitet war.
«Es liegt ganz bei Herrn Chamberlain. Er hat darüber zu entscheiden, ob es zu einem Krieg kommt!»

«Er hält die voraussehbare Nutzlosigkeit dieses Versuchs für das eigentliche Erschrecklichste. Schließlich können sie die Polen doch nicht vor ihrem Schicksal bewahren. Sie können höchstens einen Rachefeldzug führen, der die Zerstörung ganz Europas nach sich zieht.»

Der Londoner *US-Botschafter Joseph Patrick Kennedy* (Vater des späteren Präsidenten John F. Kennedy) über sein Gespräch mit Sir Horace Wilson vom britischen Außenministerium am 24.8.1939

9 *»Es ist schwierig, Göttern die Hand zu drücken». Karikatur des Amerikaners Low.*

10 *Auch Chamberlains zweites Zusammentreffen mit Hitler, diesmal in Godesberg, konnte den Lauf der Dinge letzten Endes nicht aufhalten. Links Außenminister von Ribbentrop, mit dem Rücken zur Kamera der Chefdolmetscher des Auswärtigen Amtes Schmidt.*

war seine Reaktion gegenüber dem Botschafter. Mit Tränen in den Augen entgegnete der Diplomat: «Chamberlain ist ein Freund Deutschlands und möchte es auch bleiben!»
«Ein Grund mehr für ihn, keinerlei Schritte gegen uns zu unternehmen!» antwortete der Führer.
«Aber er hat doch bewiesen, daß er Ihr Freund ist», sagte Henderson voller Verzweiflung. «Gegen den unüberhörbaren Willen des Volkes hat er Churchill den Zugang zum Kabinett verweigert. Und hier liegt auch die Gefahr! Das britische Volk als Ganzes ist nicht antideutsch, doch wird es übertönt von der von Juden und Nazigegnern beherrschten Propaganda.»
Eiskalt erwiderte Hitler darauf: «Ich bin jetzt fünfzig Jahre alt. Es ist ratsamer, jetzt einen Krieg zu führen, als wenn ich sechsundfünfzig oder sechzig Jahre alt bin.» Dann hielt er kurz inne und sah den niedergeschlagenen britischen Diplomaten an: «Bei der nächsten polnischen Provokation ge-

11 *Im «Rheinhotel Dreesen» in Godesberg soll bei einem weiteren Treffen Chamberlain–Hitler der drohende Erdrutsch aufgehalten werden. Aber der 22. September 1938 bringt nicht den Erhalt des Friedens.*

schieht es. Die Danzig-Frage wird jetzt gelöst werden, so oder so. Sagen Sie ihnen das!»
Die ganze Welt war Ende August voller Furcht vor einem Krieg. Präsident Roosevelt appellierte ebenso an Hitler wie der polnische Staatspräsident Mościcki. Auch der Papst rief über den Rundfunk zur Bewahrung des Friedens auf. Botschafter Henderson versuchte – ergebnislos –, den polnischen Botschafter Lipski zu einem Treffen mit Hitler zu bewegen. Selbst Göring, damals noch der mächtigste Mann nach Hitler, war über den schwedischen Industriellen Dahlerus in Friedensbemühungen verstrickt und suchte über ihn direkten Kontakt zu Chamberlain und dessen Außenminister Halifax.
Aber Hitler überging all diese wohlgemeinten Versuche. In achtundvierzig Stunden, so hatte er noch am Tage der Unterzeichnung des deutsch-sowjetischen Paktes festgesetzt, sollten seine Armeen gegen Polen marschieren, um dieses Land ein für alle Mal zu vernichten. Schon beorderte er seinen Generalstab unter Generaloberst von Brauchitsch nach Zossen, denn am 26. August sollte endgültig losgeschlagen werden.
Doch am 25. August nahmen die Dinge eine dramatische Wendung. Italiens ‹Duce› Mussolini teilte Hitler mit, daß er noch nicht darauf vorbereitet sei, an Deutschlands Seite in einen Krieg einzugreifen.

Der «Stahlpakt», wie das am 22. Mai unterzeichnete Militärbündnis zwischen Italien und Deutschland genannt wurde, schien in Wahrheit nur aus Blech zu sein. Außerdem wurde Hitler am gleichen Tag zugetragen, daß die englisch-polnische Vereinbarung zwei Geheimklauseln enthielt und jetzt in einen Bündnisvertrag umgewandelt werden sollte. Zwar wußte Hitler nicht um den genauen Inhalt dieser Klauseln, doch schienen die Briten es diesmal mit ihrer Drohung ernst zu meinen.

«Es ist für mich einer der schmerzlichsten Augenblicke meines Lebens, Ihnen mitteilen zu müssen, daß Italien nicht kriegsbereit ist. Nach dem, was mir von den verantwortlichen Chefs der Wehrmachtteile mitgeteilt wurde, sind die Benzinvorräte bei der italienischen Luftwaffe so gering, daß sie nur für drei Kriegswochen ausreichen würden. Ähnlich steht es mit der Bevorratung für das Heer sowie auf vielen anderen Rohstoffgebieten... Bitte verstehen Sie meine Lage!»
Mussolini an Hitler
25.8.1939, 18 Uhr

An diesem Nachmittag des 25. August, als der englisch-polnische Bündnisvertrag unterzeichnet wurde und Hitler erfahren mußte, daß Italien endgültig nicht an seiner Seite marschieren würde, bestellte er Generaloberst Keitel, Chef des Oberkommandos der Wehrmacht, zu sich in sein Arbeitszimmer.
«Können die Truppen noch angehalten werden?» fragte er Keitel.
«Ja, mein Führer! Vorausgesetzt allerdings, daß der entsprechende Befehl sofort hinausgeht. Noch ist es früh genug.»
«Dann erteilen Sie den entsprechenden Befehl! Aber sagen Sie gleich dazu, daß er nur vorläufig ist und weitere Befehle folgen werden! Das Unternehmen ist verschoben. Weitere Befehle folgen.»
Achtundvierzig Stunden nach Hitlers Entschluß, Polen anzugreifen, stellte sich plötzlich alles anders dar. Es sah aus, als sei der Kelch noch einmal an Europa vorübergegangen.

*

★

Schmerzerfüllt geben die Unterzeichneten die tieftraurige Nachricht von dem endlichen Dahinscheiden ihres geliebten Kindes, der

Tschechoslowakei.

Dieselbe verschied am Samstag, den 1. Oktober 1938 nach langem, qualvollem Leiden, an einer Blinddarmoperation, versehen mit den salbungsvollen Reden ihrer Minister, ergeben in den Willen des Führers, im 20. Lebensjahre.

Die feierliche Beisetzung findet in der Zeit

vom 1. bis 10. Oktober 1938

durch die deutsche Wehrmacht statt.

Die feierliche Seelenmesse findet am 28. Oktober 1938 statt.

Genf, am 1. Oktober 1938.

Um stilles Beileid bitten:

Gottwald, Dimitroff, Syrový, Pflegeeltern.

Der Völkerbund, Eltern.

Litwinow-Finkelstein, Stalin, Onkel.

Beerdigungsanstalt Benesch-Jaksch & Co., vorm. Masaryk.

Nachdruck verboten.

12 *Zur Besetzung der Tschechoslowakei ließ Propagandaminister Goebbels diese Karikatur einer Traueranzeige erscheinen.*

Am Samstag, dem 26. August, schlenderte frühmorgens Birger Dahlerus, der schwedische Friedensmittler Görings, über den Piccadilly, vorbei an Fortnum & Mason, wo er Honig und chinesischen Tee in sein Hotel bestellte, und sah den Menschen zu, die im «Green Park» die Enten fütterten. Um 11 Uhr dann begab er sich zu seiner Verabredung mit Minister Lord Halifax in das Londoner Außenministerium

«Ich bin überzeugt, daß Göring der einzige Mensch in Deutschland ist, der einen Krieg noch verhindern kann», meinte er gegenüber dem Minister und ersuchte ihn, ein persönliches Schreiben an Göring zu richten, worin nochmals Englands ehrliches Verlangen nach einer friedlichen Übereinkunft mit Deutschland betont werden sollte.

Nachdem Halifax seinerseits mit Chamberlain Rücksprache genommen hatte, folgte er der Empfehlung des schwedischen Mittelsmannes, so daß Dahlerus um 13.25 Uhr nach Berlin-Tempelhof starten konnte, um das Schreiben zu überbringen. Vom Flughafen fuhr er auf dem schnellsten Wege nach Karinhall zu Görings prunkvollem Jagdsitz in der Schorfheide. Der Hausherr aber hatte sein Domizil kurz zuvor mit seinem Sonderzug verlassen, so daß Dahlerus nachfahren mußte und auf dem Bahnhof Friedrichswalde schließlich zusteigen konnte. Göring hielt seinem Bekannten zunächst wieder die letzten Gerüchte über polnische Greueltaten an Deutschen vor: «Was in Polen geschieht, ist furchtbar. Unglaublich!»

Nun erst konnte Dahlerus das Schreiben des britischen Außenministers hervorziehen und Göring überreichen. Der las es langsam und hatte Mühe, die englischen Wörter einigermaßen richtig auszusprechen. Dann läutete er nach einer Ordonnanz

13 *Wessen Rechnung würde wohl aufgehen – die des in die Kamera lächelnden Diktators Stalin oder die des Diktators Hitler, dessen Außenminister von Ribbentrop den so begehrten Nichtangriffspakt mit ernster Miene unterzeichnet?*

14 *Generalfeldmarschall und nachmaliger Reichsmarschall Göring – so wie er sich gefiel. Karikatur von Steinberg.*

15 *«Die zwei Gesichter». Italienische Karikatur aus der Vorkriegszeit.*

16 *Französische Karikatur zum deutsch-sowjetischen Nichtangriffspakt: «Nicht wahr, du hilfst uns mit deinen Rubelchen!»*

und trug ihr auf: «Lassen Sie den Zug an der nächsten Station anhalten und einen Wagen für mich dort bereithalten. Wir müssen nach Berlin und dem Führer von diesem Schreiben berichten.»
Hitler präsentierte sich in einer seiner Lieblingsposen, als der Schwede in sein Arbeitszimmer in der Reichskanzlei vorgelassen wurde, die Beine etwas auseinandergestellt und die Hände hinter dem Rücken. Göring raunte dem schwedischen Vermittler zu: «Sehen Sie, ich habe ihn aufgeweckt!» Dahlerus aber wußte, daß Hitlers finsterer Blick nicht in erster Linie auf diese Störung zurückzuführen sein konnte.
Nun begann der Führer mit einem langen Monolog über die «Dummheit der Briten», die «Unentschlossenheit des englischen Volkes» und das «Unvermögen seiner Regierenden». Danach bat er Dahlerus um seine Erfahrungen mit den Engländern, die dieser dort als einfacher Arbeiter gesammelt hatte. Danach erst kam Hitler auf den eigentlichen Anlaß dieser Begegnung zu sprechen: den Brief. Dabei wies er den Schweden darauf hin, daß er den Briten ja bereits das Angebot eines deutsch-britischen Zusammengehens unterbreitet habe, und fragte: «Verstehen die überhaupt die Situation, in der sie sich befinden? Dies ist mein letztes, gutgemeintes Angebot an England.»
Abschließend meinte er zu Dahlerus: «Sie, Herr Dahlerus, haben meine Auffassung gehört! Sie müssen sofort nach England reisen, um sie der eng-

«Ich sprach langsam und ruhig, um diesen Mann, dessen seelisches Gleichgewicht offenbar sehr labil war, nicht unnötig zu irritieren.»
Dahlerus über seine Unterhaltung mit Hitler am 26.8.39

«... mein Volk bewundert mich und folgt mir treu... Wenn es keine Butter mehr gibt, dann bin ich der erste, der aufhört, Butter zu essen. Mein deutsches Volk wird loyal und freudig dasselbe tun. Wenn der Feind mehrere Jahre aushalten kann, werde ich dank der Macht, die ich über das deutsche Volk habe, ein Jahr länger aushalten. Dadurch weiß ich, daß ich allen andern überlegen bin.»
Hitler zu Dahlerus am 26. August 1939

lischen Regierung mitzuteilen. Ich glaube nicht, daß Henderson mich verstanden hat, und ich wünsche aufrichtig, daß eine Verständigung zustande kommt.»
Als der Schwede den Raum verließ, beteuerte Göring ihm gegenüber noch einmal: «Sie wissen, Herr Dahlerus, wieviel hiervon abhängt.» Dahlerus sollte die britische Regierung bis ins Einzelne von der soeben geführten Unterhaltung mit Hitler unterrichten.

*

Am 27. August bereits überbrachte Dahlerus dem britischen Premierminister Hitlers Ansichten, und schon am folgenden Tag kehrte Neville Henderson, der britische Botschafter in Berlin, nach Deutschland zurück. Nachdem er sich von der Reise erfrischt, umgekleidet und mit einer halben Flasche Sekt etwas Mut angetrunken hatte, begab sich Henderson zum Führer, um ihm die offizielle Antwort der britischen Regierung zu überbringen.
«Wäre Großbritannien zu einem Bündnis zwischen beiden Ländern bereit?» wollte Hitler wissen.
Henderson wurde etwas persönlicher und meinte: «Meiner Ansicht nach kann man diese Möglichkeit nicht ausschließen.» Diese Antwort auf Hitlers Frage erschien in den Augen vieler Zeitgenossen als die Reaktion eines unberechenbaren und dabei unkompetenten Mannes. Als Sir Robert Vansittart, der Kopf der Anti-Hitler-Gruppe beim britischen Außenministerium, davon hörte, gab er sich entsetzt: «So etwas ist in absehbarer Zeit noch völlig undenkbar. Ein Bündnis kann doch, falls es überhaupt etwas zu bedeuten haben sollte, im Augenblick nur militärisch gemeint sein. Gegen wen aber sollten wir uns mit einer solchen Bande wie der gegenwärtigen deutschen Regierung verbünden? Die geringste Andeutung einer solchen Möglichkeit würde uns in den USA unmöglich machen.»
Hitler aber fand Gefallen an der Ansicht des britischen Botschafters, schien sie ihm doch erneut zu bestätigen, daß England sich nicht wegen Polens in einen Krieg verstricken ließ. Er verabschiedete Henderson mit den Worten: «Wir werden Ihnen morgen unsere Antwort zustellen.»

*

Am folgenden Morgen begab sich Dahlerus zu Görings Haus in der Leipziger Straße, wo ihn der Hausherr herzlich begrüßte, ihm kraftvoll die Hand schüttelte und strahlend meinte: «Gott erhalte uns die Schweden! Ein bewundernswertes Volk! Alles läuft bestens! Der Frieden ist gerettet.»
Und das alles spielte sich genau achtundvierzig Stunden vor Ausbruch des größten Krieges aller Zeiten ab!
An eben diesem Dienstag, dem 29. August 39, empfing Hitler den britischen Botschafter erneut. Inzwischen hatte der Führer den Zeitpunkt des Angriffs auf Polen bereits auf den 1. September verschoben, um sich so noch zwei Tage lang die Möglichkeit zur Erkundung der französischen und britischen Reaktionen auf einen deutschen Angriff offenzuhalten. Denn ihm lag durchaus daran, insbesondere England außerhalb zu wissen, wenn seine Armeen losschlugen. Dem Diplomaten wurde eine Note überreicht, die unter anderem feststellte: «... Im übrigen hat die Deutsche Reichsregierung bei ihren Vorschlägen nie die Absicht gehabt, lebenswichtige Interessen Polens anzugreifen oder die Existenz eines unabhängigen polnischen Staates in Frage zu stellen. Die Deutsche Reichsregierung ist unter diesen Umständen daher damit einverstanden, die vorgeschlagene

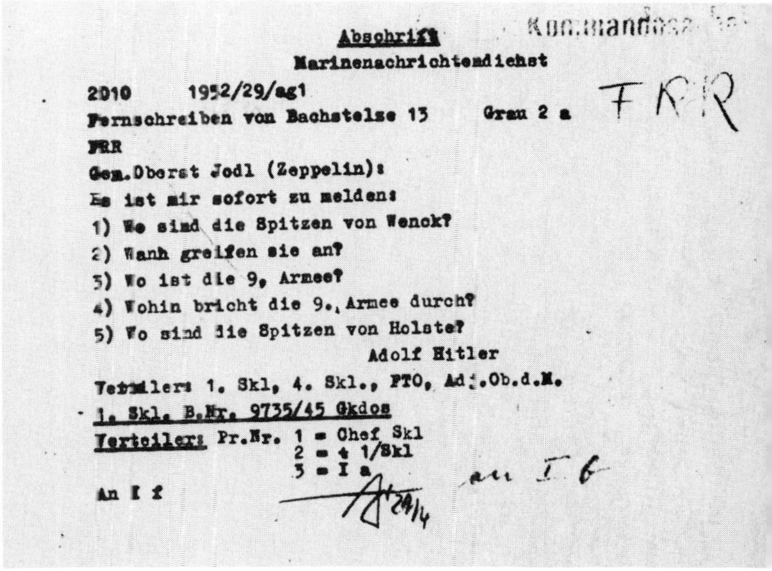

Abschrift Kommandos...

Marinenachrichtendienst

2010 1952/29/ag1

Fernschreiben von Bachstelze 13 Grau 2 a FRR

FRR

Gen.Oberst Jodl (Zeppelin):

Es ist mir sofort zu melden:

1) Wo sind die Spitzen von Wenck?

2) Wann greifen sie an?

3) Wo ist die 9. Armee?

4) Wohin bricht die 9. Armee durch?

5) Wo sind die Spitzen von Holste?

Adolf Hitler

Verteiler: 1. Skl, 4. Skl., FTO, Adj.Ob.d.M.

1. Skl. B.Nr. 9735/45 Gkdos

Verteiler: Pr.Nr. 1 = Chef Skl
2 = 1/Skl
3 = I a

An I f

an I 6

29/4

17 *Am 29. April 1945 erging um 19.52 Uhr Hitlers letzter Befehl an die Außenwelt. Wo ist jene Überheblichkeit geblieben, mit der fünfeinhalb Jahre zuvor der Angriff auf den östlichen Nachbarn befohlen wurde?*

Vermittlung der Königlich Britischen Regierung zur Entsendung einer mit allen Vollmachten versehenen polnischen Persönlichkeit nach Berlin anzunehmen. Sie rechnet mit dem Eintreffen dieser Persönlichkeit für Mittwoch, den 30. August 1939. Die Reichsregierung wird die Vorschläge einer für sie akzeptablen Lösung sofort ausarbeiten und diese, wenn möglich, bis zur Ankunft des polnischen Unterhändlers auch der Britischen Regierung zur Verfügung stellen.»

Hitler erwartete von diesem Angebot eine doppelte Wirkung auf Großbritannien, zum einen auf diejenigen, die einer nachgiebigeren Haltung gegenüber Deutschland das Wort redeten, zum anderen auf jene, denen das polnische Auftreten zu halsstarrig vorkam. Beide Gruppen würden an diesem Angebot Gefallen finden und dadurch Chamberlain die Hände binden.

«Durch die überhasteten und bedingungslosen Garantien vom März banden wir uns politisch an dasjenige Land Europas, das die Realitäten am wenigsten erkennt… Unter den gegenwärtigen Umständen wäre es klüger, die polnische Regierung zu einem Kompromiß – was durchaus keine Unterwerfung zu bedeuten braucht – mit Hitler zu bewegen. Man müßte ihnen eindringlich die voraussehbaren Folgen eines Krieges vor Augen halten, der bestenfalls in Sinnlosigkeit enden und möglicherweise nie wieder gutzumachendes Elend nach sich ziehen würde.»

Liddell Hart
Militärkorrespondent der «Times»
am 27. August 1939

Doch diesmal stand ein anderer Henderson Hitler gegenüber und nicht jener Mann, der so lange mit Beschwichtigungen die angespannte Lage zu be-

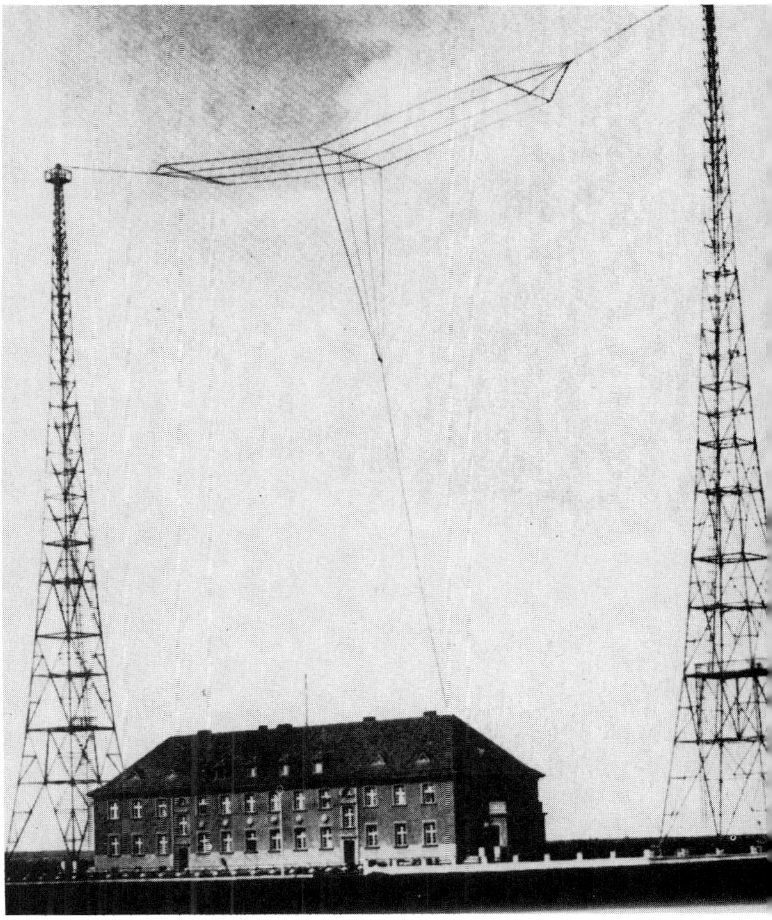

18 *Antennen und Gebäude des Rundfunksenders Gleiwitz.*

reinigen versucht hatte. Seine Bewunderung für den Führer war im Verlaufe dieses hektischen Monats August in Haß umgeschlagen. Er gab sich auch keine Mühe mehr, Mißtrauen und Skepsis weiterhin zu verbergen, als Hitler erneut die «polnischen Greueltaten» beschwor, um ihn zu verständnisvollerer Haltung zu bewegen, indem er schrie: «Sie kümmern sich einen Dreck darum, wieviele Deutsche in Polen getötet und gefoltert werden!»

Das war die Gelegenheit für Henderson, auf die er gewartet hatte. Er erwiderte «aufs höchste erregt» und fuhr dann fort, «Hitler mit voller Lautstärke anzuschreien», wie er später Lord Halifax berichtete.

Auf diese Weise mußte das schicksalhafte Treffen, das möglicherweise Europa den Frieden hätte bewahren können, mit einem Mißerfolg enden. Henderson faßte seinen Bericht an sein Außenministerium so ab, daß Chamberlain und Halifax Hitlers Vorschlag eher als kriegslüsternes Ultimatum denn als, wie von Hitler beabsichtigt, Anzeichen der Annäherung betrachten mußten.

*

> «Sechzig deutsche Divisionen stehen dort bereit. Dies entspricht ungefähr einer Million Mann, aber alle hoffen, daß nichts geschehen wird und keine kriegerischen Verwicklungen zwischen Polen und Deutschland notwendig werden. In dieser außerordentlich schwierigen Lage ist es indessen selbstverständlich, daß wir eine kurze Frist für eine Entscheidung verlangen müssen... Die Polen sind wahnsinnig. Ihr Auftreten gegen die deutsche Minderheit innerhalb des polnischen Gebietes ist unerklärlich und unmenschlich. Organisierte Übergriffe in großem Umfang finden täglich statt... Die Lage ist unhaltbar...»
>
> *Göring* zu Dahlerus
> am 30. August 1939

Am Morgen des 30. Augusts kehrte Dahlerus wieder nach London zurück. In seinem Gepäck führte er ein Blatt aus einem Atlas. Göring hatte es herausgerissen und teils grün, teils rot schraffiert. Grün für jene Gebiete, die den Deutschen zustehen, und rot für jene, die als rein polnisch betrachtet werden sollten. Außerdem war er im Besitz von Görings Zwei-Punkte-Plan zur Lösung der «Polnischen Frage», dem auch Hitler zustimmen würde, und der folgendes vorsah:

1. Deutschland hält seine Ansprüche auf Danzig aufrecht.
2. Im Interesse einer gerechten und dauerhaften Lösung der Frage des Korridors wird in den betroffenen Gebieten eine Volksabstimmung abgehalten. Stimmt die gemischte deutsch-polnische Bevölkerung für Polen, dann wird Deutschland eine Verkehrszone für eine Autobahn sowie eine vierspurige Eisenbahnstrecke durch den Korridor zugestanden. Geht die Volksbefragung zugunsten Deutschlands aus, dann erhält Polen das gleiche Recht zugestanden.

Dahlerus' Empfang bei Chamberlain und Halifax aber war diesmal sehr kühl, und er selbst kam sich vor wie des Teufels Advokat. Man schickte ihn kurzerhand nach Berlin zurück und weigerte sich rigoros, ohne zuvor Warschau oder Paris angehört zu haben, überhaupt den Göring-Hitler-Vorschlag bezüglich einer Volksabstimmung in Erwägung zu ziehen.

> «Wissen Sie, was Lipski [der polnische Botschafter in Berlin] sagte, als Sie nicht im Raum waren? Er gab zu verstehen, daß auf polnischer Seite nicht das geringste Interesse an Noten oder anders überbrachten Vorschlägen der Deutschen bestand. Zudem glaubte er, nach fünfjähriger Tätigkeit als Botschafter die Situation in Deutschland genau zu kennen, auch Göring und die anderen Nazigrößen. Für ihn steht unerschütterlich fest, daß es im Falle eines Krieges zu Aufstand und Rebellion in Deutschland kommen und die polnische Armee im Triumph in Berlin einmarschieren werde.»
>
> *Ogilivie Forbes,* brit. Diplomat zu
> Dahlerus am 31. August 1939

Am 30. nachmittags erklärte Polen die Mobilmachung. Aber noch war, nachdem man viele kostbare Stunden hatte verstreichen lassen, die Mitternacht vom 30. zum 31. August nicht erreicht, als Henderson mit einer weiteren Note seiner Regierung im Auswärtigen Amt in Berlin erschien.

Großbritannien begrüßte darin den Wunsch der deutschen Führung nach besseren Beziehungen und empfahl die direkte Aufnahme von Kontakten zwischen Berlin und Warschau, auch wenn das nicht bereits schon morgen sein könne.

Ribbentrop, der die britische Öffentlichkeit einmal dadurch schockiert hatte, daß er dem König mit dem deutschen Gruß gegenübergetreten war, wurde sichtlich zornig, als Henderson ihm die britische Note verlas.

«Ist das alles?» fragte er barsch, als der Botschafter geendet hatte.

«Nein!» gab Henderson ebenso kurz zurück und wollte in seinen Erläuterungen fortfahren, als Ribbentrop erneut dazwischenfuhr und die beiden Diplomaten sich in kürzester Zeit gegenseitig mit beleidigenden Äußerungen überschütteten. Schließlich schluckte Henderson die letzte Beleidigung und fragte nach den Plänen Deutschlands zur Bereinigung der Differenzen mit Polen. Ribbentrops Antwort: «Die Frist ist abgelaufen. Wo bleibt der Pole, den Ihre Regierung herbeischaffen wollte? Wir verlangen, daß ein bevollmächtigter Unterhändler hier nach Berlin kommt, der verantwortlich im Namen seiner Regierung mit uns verhandeln kann.»

Dann las er die deutschen Bedingungen – laut Henderson – «hastig und mit dem Unterton größter Verärgerung schnell herunter». Dr. Paul Schmidt hingegen, der Chefdolmetscher des Auswärtigen Amts, weiß zu berichten, daß der Vortrag der deutschen Bedingungen durchaus ohne Hast geschah und Ribbentrop sogar Zeit fand, verschiedene Punkte näher zu erläutern.

> «Von den insgesamt 16 Artikeln konnte ich nur 6 dem Inhalt nach verstehen. Doch selbst um diese genau wiedergegeben zu können, hätte es eines genaueren Textstudiums bedurft. Als er geendet hatte, bat ich ihn daher, mich nachlesen zu lassen. Das aber verweigerte mir Ribbentrop, warf das Dokument mit einer verächtlichen Geste auf den Tisch und sagte, daß nun, nachdem bis Mitternacht kein polnischer Unterhändler erschienen war, die Uhr endgültig abgelaufen sei.»
>
> *Henderson*

Späterhin wurde gelegentlich behauptet, daß die deutschen Bedingungen, die durchaus erwägenswert waren, Henderson in einer solchen Art und zu so später Stunde übergeben wurden, daß es dem Botschafter unmöglich war, ihretwegen noch irgend etwas zu unternehmen, oder daß es in jenen Schicksalsstunden keine Chance mehr für den Frieden gab.

Doch diese Behauptungen treffen nicht zu. Am 31. August hat Henderson den Wortlaut der deutschen Vorschläge. Göring läßt sie entgegen Hitlers Anordnung durch Dahlerus übermitteln. Wiederum Dahlerus wendet sich auf Hendersons Veranlassung sofort an den polnischen Botschafter Lipski. Dieser teilt zwar nachmittags Ribbentrop mit, daß die polnische Regierung dem Vorschlag zu direkten Verhandlungen im günstigen Sinne erwäge, hat aber Weisung, sich passiv zu verhalten. Ribbentrop übergibt ihm die deutschen Vorschläge nicht und Lipski ersucht nicht darum. Es ist gegen 18.15 Uhr.

> «Sie können mich zwar nach Berlin einladen, doch werde ich nicht hingehen. Ich habe nicht die Absicht, mich einer ähnlichen Behandlung auszusetzen, wie sie Präsident Hacha aus der Tschechoslowakei zuteil wurde.»
>
> *Beck*
> polnischer Außenminister

> «... und so blieb mir denn weiter nichts übrig, als nach Schluß der Unterredung in meinem Notizblock an der Stelle, wo ich mir in Stichworten die Weigerung Ribbentrops aufnotiert hatte, einen dicken roten Strich zu machen, zum Zeichen, daß in dieser Stunde die Würfel zwischen Krieg und Frieden gefallen waren.»
>
> *Dr. Paul Schmidt*
> Chefdolmetscher des AA

So wurde auch die letzte Gelegenheit vertan, den Frieden zu retten. Hitler hatte bereits vorher «Fall Weiß» befohlen, den Angriff auf Polen, der am 1. September um 4.45 Uhr beginnen sollte.

*

Genau zu der von Hitler festgesetzten Zeit richtete das deutsche Linienschiff «Schleswig-Holstein» im Danziger Hafen seine Geschütze auf die polnischen Befestigungen auf der Westerplatte und feuerte die ersten Salven des Zweiten Weltkrieges. Entlang der ganzen polnischen Grenze begannen zur gleichen Stunde die 54 Divisionen, unterstützt von 2 Luftflotten, ihren Marsch nach Osten. Hitlers Großangriff auf das Nachbarland hatte ohne jede

19 *Aufnahme der Propagandakompanie: «Der Führer spricht.» Nur wenige hundert Meter vor den polnischen Linien verfolgen deutsche Soldaten die Rede Hitlers, mit der er den Waffengang gegen Polen rechtfertigt.*

20 *Der «Fall Weiss» ist da: der Angriff gegen Polen. Hitlers Weisung Nr. 1 für die Kriegsführung, 31. 8., 12.40 Uhr.*

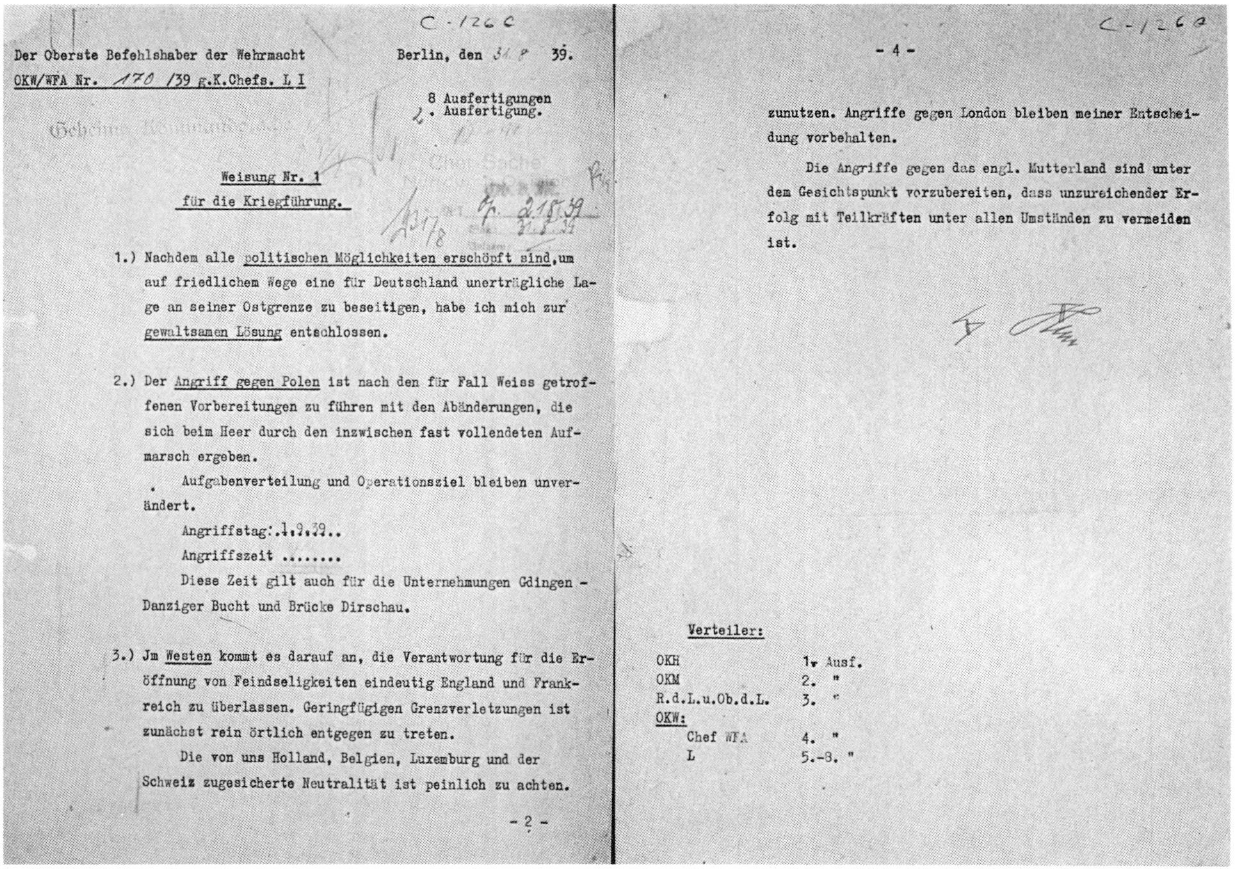

C-126 C

Der Oberste Befehlshaber der Wehrmacht — Berlin, den 31.8. 39.

OKW/WFA Nr. 170 /39 g.K.Chefs. L I

8 Ausfertigungen
2. Ausfertigung.

Weisung Nr. 1
für die Kriegführung.

1.) Nachdem alle politischen Möglichkeiten erschöpft sind, um auf friedlichem Wege eine für Deutschland unerträgliche Lage an seiner Ostgrenze zu beseitigen, habe ich mich zur gewaltsamen Lösung entschlossen.

2.) Der Angriff gegen Polen ist nach den für Fall Weiss getroffenen Vorbereitungen zu führen mit den Abänderungen, die sich beim Heer durch den inzwischen fast vollendeten Aufmarsch ergeben.

Aufgabenverteilung und Operationsziel bleiben unverändert.

Angriffstag: 1.9.39.

Angriffszeit ....

Diese Zeit gilt auch für die Unternehmungen Gdingen - Danziger Bucht und Brücke Dirschau.

3.) Jm Westen kommt es darauf an, die Verantwortung für die Eröffnung von Feindseligkeiten eindeutig England und Frankreich zu überlassen. Geringfügigen Grenzverletzungen ist zunächst rein örtlich entgegen zu treten.

Die von uns Holland, Belgien, Luxemburg und der Schweiz zugesicherte Neutralität ist peinlich zu achten.

- 2 -

C-126 C

- 4 -

zunutzen. Angriffe gegen London bleiben meiner Entscheidung vorbehalten.

Die Angriffe gegen das engl. Mutterland sind unter dem Gesichtspunkt vorzubereiten, dass unzureichender Erfolg mit Teilkräften unter allen Umständen zu vermeiden ist.

Verteiler:

OKH	1. Ausf.
OKM	2. "
R.d.L.u.Ob.d.L.	3. "
OKW:	
Chef WFA	4. "
L	5.-8. "

Kriegserklärung seinen Anfang genommen. Ob dem skrupellosen Diktator auch diesmal das unglaubliche Glück zur Seite stand, das ihn während der letzten drei Jahre in das Rheinland, nach Österreich, in das Sudetenland und in die Tschechoslowakei begleitet hatte? Bei jedem dieser Anlässe hatten sich die westlichen Demokratien zwar empört und lautstark gegeben, doch letzten Endes nie etwas Wirksames unternommen. Auch wenn es sich bei dem Überfall auf Polen – im Gegensatz zu den voraufgegangenen Maßnahmen – um einen Krieg handelte, war dennoch die Frage berechtigt: Werden Frankreich und England sich diesmal ebenso verhalten wie in der Vergangenheit? Werden sie sich erneut mit vollendeten Tatsachen abfinden und Polen – trotz des Paktes – im Stich lassen, wie sie es im letzten Jahr mit der Tschechoslowakei getan hatten? Wird Hitler der am Vormittag des 1. September von England und Frankreich gestellten Forderung stattgeben, die deutschen Truppen auf das Reichsgebiet zurückzuziehen?

«Seit 5.45 Uhr wird jetzt zurückgeschossen.»
Hitler am 1. September 1939 vor dem Reichstag

«Die ganze Angelegenheit war für uns so etwas wie eine Besetzung oder ein Manöver. Wir konnten kaum glauben, daß es sich um einen wirklichen Krieg handelte, denn dafür schien alles zu wohlgeordnet und vertraut. Im Grunde genommen gab es überhaupt keinen Widerstand.»
Leutnant Baron von Bogenhardt

«Diesmal brauchen wir England und Frankreich nicht... Wir können die Deutschen allein erledigen.»
Polnischer Major
zu Leutnant Jan Karski am 1. September

Der 2. September, ein Samstag, brachte Frankreich und Großbritannien Sonne und Hitze. Doch als es Abend wurde, legten sich heftige Gewitterstürme über die englische Insel und schienen finstere Vorboten jener Ereignisse zu sein, die am Tag zuvor auf dem Festland ihren Anfang genommen hatten. Aber immer noch war Chamberlain unentschlossen.

21 *«Ich habe mich daher nun entschlossen»: Hitler am 1. 9. 39 vor dem Reichstag.*

«Die volle Verantwortung für diese entsetzliche Katastrophe liegt auf den Schultern nur eines Mannes, des deutschen Kanzlers. Er hat nicht gezögert, die Welt ins Elend zu stürzen, nur um seinen rücksichtslosen Ambitionen einen Dienst zu erweisen.»
Chamberlain
am 2. September 1939

◁ 22 *Hitlers großer Gegenspieler: Winston Churchill. Nach Ausbruch des Kriegs erzwingt die britische öffentliche Meinung seine Berufung zum Ersten Lord der Admiralität. Churchill hatte dieses Amt bereits 1911–1915 inne.*

24 *3. September 1939. Amtliche Mitteilung der britischen Regierung über die kurz zuvor ergangene Kriegserklärung an Deutschland.*

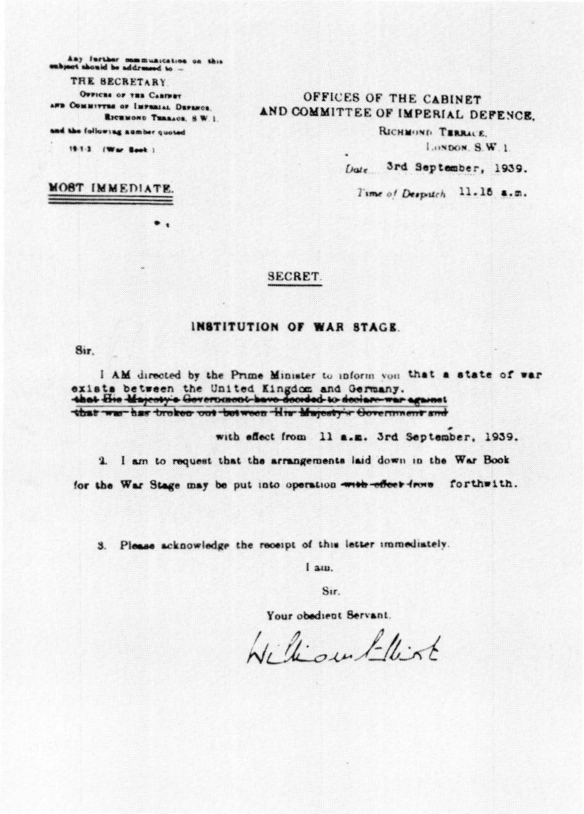

Any further communication on this subject should be addressed to –
THE SECRETARY
Offices of the Cabinet
and Committee of Imperial Defence,
Richmond Terrace, S.W.1.
and the following number quoted
1913 (War Book)

OFFICES OF THE CABINET
AND COMMITTEE OF IMPERIAL DEFENCE,
Richmond Terrace,
London, S.W.1.

Date 3rd September, 1939.

Time of Despatch 11.15 a.m.

MOST IMMEDIATE.

SECRET.

INSTITUTION OF WAR STAGE.

Sir,

I AM directed by the Prime Minister to inform you that a state of war exists between the United Kingdom and Germany. ~~that His Majesty's Government have decided to declare war against~~ ~~that war has broken out between His Majesty's Government and~~ with effect from 11 a.m. 3rd September, 1939.

2. I am to request that the arrangements laid down in the War Book for the War Stage may be put into operation ~~with effect from~~ forthwith.

3. Please acknowledge the receipt of this letter immediately.

I am,
Sir,
Your obedient Servant.

23 *Der erste britische Kriegsbericht stammt von einem Aufklärungsflug über Wilhelmshaven. Er lautet: «Einsatz erfolgreich. 75 Aufnahmen von der deutschen Flotte gemacht. Als erstes Flugzeug der Royal Air Force die deutsche Grenze überflogen.» Der Einsatz erfolgte am 3. September, als Polen ein durchaus wirksameres Eingreifen seiner britischen Verbündeten erwartete.*

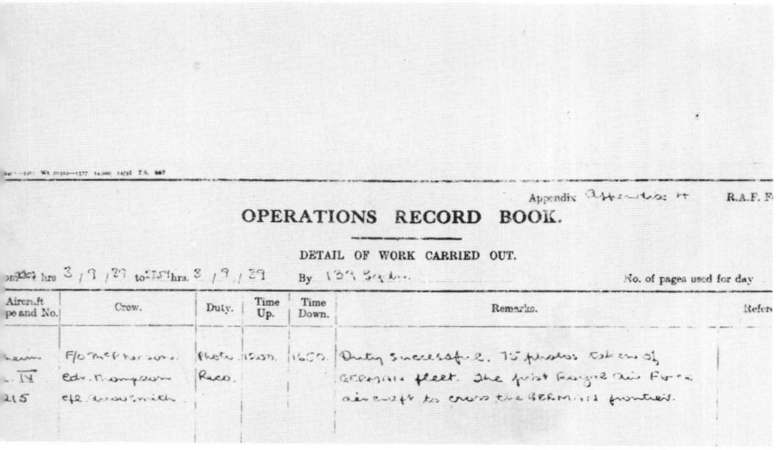

Appendix [illegible] R.A.F. F

OPERATIONS RECORD BOOK.

DETAIL OF WORK CARRIED OUT.

[illegible] hrs 3/9/39 to [illegible] hrs. 3/9/39 By [illegible] No. of pages used for day

Aircraft Type and No.	Crew.	Duty.	Time Up.	Time Down.	Remarks.	Refer
[illegible]	F/O McPherson	Photo Reco.	[illegible]	[illegible]	Duty successful. 75 photos taken of German fleet. The first Royal Air Force aircraft to cross the German frontier.	

Am späten Abend dieses Tages wartete ein bis zum letzten Platz gefülltes Unterhaus – so gefüllt, daß der russische und der polnische Botschafter Schulter an Schulter auf den Rängen sitzen mußten – auf Chamberlains Ansprache. Nachdem der Geistliche seine Gebete mit den Worten «Laßt uns heute um Weisheit und Mut zur Verteidigung des Rechts beten!» geendet hatte, erschien der Premierminister und erinnerte das Hohe Haus zunächst an seinen rastlosen Einsatz zur Erhaltung des Friedens. Sodann berichtete er über die Verhandlungen, die stattgefunden hatten, und hielt plötzlich inne. Spannung legte sich über die Versammelten. Würde er sie jetzt verkünden – die Kriegserklärung? Nein! Statt dessen kündigte er stockend an,

Berliner Ausgabe

„Freiheit und Brot!“

Berliner Ausgabe

Berlin, Sonnabend, 2. September 1939

VÖLKISCHER BEOBACHTER

Kampfblatt der national-sozialistischen Bewegung Großdeutschlands

Der Führer verkündet den Kampf für des Reiches Recht und Sicherheit

25 *«Völkischer Beobachter», seit 1920 «Kampfblatt der national-sozialistischen Bewegung Großdeutschlands», am 2. September 1939.*

daß Frankreich und England «eine Warnung» an Deutschland richten würden.

*

> «Chamberlain marchand comme un épicier.»*
> *Daladier*
> «Il faut en finir!»**
> *Populäre Redewendung* in Frankreich im September 1939

Verzweifelt versuchten nun die französischen und britischen Politiker, sich wieder aus der Falle herauszuwinden, in die sie sich durch die Polen gegebenen Garantien hineingebracht hatten.

> «Ohne Rücksicht auf die Dauer des Krieges und die von ihm geforderten Opfer wird der Endsieg uns und unseren Verbündeten gehören.»
> *Marschall Rydz-Smigly* 1.9.39

Die englischen Zeitungen waren voll von Berichten über den Todeskampf des polnischen Volkes und die Leitartikel nicht selten mit der Schlagzeile ver-

* Chamberlain feilscht wie ein Krämer.
** Es muß ein Ende haben!

ON YOUR FEET FOR HOURS ? Then Don't Forget That ZAM-BUK Removes Pain, Soreness & Corns

Daily Herald

SAUSAGES GO BETTER WITH H-P SAUCE

No. 7349 MONDAY, SEPTEMBER 4, 1939 ONE PENNY

WAR DECLARED BY BRITAIN AND FRANCE

We Have Resolved To Finish It—PRIME MINISTER

GREAT BRITAIN DECLARED WAR ON GERMANY AT 11 O'CLOCK YESTERDAY MORNING.

Six hours later, at 5 p.m., France declared war.

Britain's resolution to defend Poland against Nazi aggression was described by the newly-formed Ministry of Information in one of its first announcements, as follows:—

"At 11.15 this morning (Sunday) Mr. R. Dunbar, Head of the Treaty Department of the Foreign Office, went to the German Embassy, where he was received by Dr. Kordt, the Charge d'Affaires.

"Mr. Dunbar handed to Dr. Kordt a notification that a state of war existed between Great Britain and Germany as from 11 o'clock B.S.T. this morning. This notification constituted the formal declaration of war."

WAR CABINET OF

Unthinkable We Should Refuse The Challenge

—THE KING

Broadcasting last evening from his study at Buckingham Palace, the King said:—

IN this grave hour, perhaps the most fateful in our history, I send to every household of my people, both at home and overseas, this message, spoken with the same depth of feeling for each one of you as if I were able to cross your threshold and speak to you myself.

For the second time in the lives of most of us we are at war.

Over and over again we

POLES SMASH WAY INTO E. PRUSSIA

OFFICIALS in Warsaw stated late last night that the Polish army has smashed a way across the Northern border into East Prussia, after driving the Germans from several Polish towns in bitter fighting.

On the Northern Front the Poles are reported to have defeated the German effort to drive a barrier across the upper part of the Corridor. The Germans fell back behind their frontiers.

The Poles say they have broken through the German fortifications as far as the railway terminus of Deutsch Eylau.

One of the most important towns recaptured is stated to be Zbaszyn.

Dispatches from the front state that furious fighting is going on at Czestochowa and Katowice. German reports that they have captured Czestochowa are denied.

Warsaw was again raided yesterday by German aircraft.

London Hears Its First Raid Warning

LONDON was calm yesterday when it heard its first air raid warning.

This is the official statement issued by the Air Ministry:-

At 11.30 a.m. yesterday an aircraft was observed approaching the South Coast.

As its identity could not be readily

BLACK-OUT TIME

26 *Die Schlagzeilen in London vom 4. September 1939 verraten keinerlei Kriegsfieber, doch zeigen sie, daß man dem Unvermeidlichen nicht ausweichen will.*

> «Es bereitet mir Sorge, daß die Franzosen erst morgen mittag die Deutschen vor ein Ultimatum stellen und ihnen dann noch eine Frist von achtundvierzig Stunden einräumen wollen.»
> «Das alles hat doch nur zur Folge, daß den Deutschen noch mehr Land in die Hände fällt und noch mehr Polen ihr Leben lassen müssen. Was hat denn unser Verhalten mit dem der Franzosen zu tun? England muß doch seine eigenen Versprechen einlösen!»
> *Wortwechsel* zwischen Außenminister Halifax und Kriegsminister Hore-Belisha am 2. September 39

sehen: «Wozu warten wir noch?» Nicht wenige Parlamentarier wandten sich offen gegen die eigene Regierung, und im ganzen Lande trieb die nervöse Spannung ihrem Höhepunkt zu – nicht nur gegenüber den Deutschen, sondern ebenso gegenüber den Franzosen, die offensichtlich auch nicht zu Gegenmaßnahmen bereit waren.

Die Nacht vom 2. zum 3. September verlief äußerst stürmisch im britischen Parlament. Es kam zu offenem Aufruhr der Abgeordneten gegenüber der Regierung. Während draußen Blitz und Donner niederfuhren, bestürmten die Volksvertreter den Regierungschef und forderten ihn zum Handeln auf. Selbst die Kabinettsmitglieder schlossen sich diesem Drängen an. Doch Chamberlain blickte die

Rebellen nur an. Er wirkte ruhig und weit weg mit seinen Gedanken, als er mit fester Stimme den Grund für seine abwartende Haltung darlegte: das Widerstreben der Franzosen. Er selbst fürchtete, daß, wenn der Krieg erst einmal erklärt war, Paris, «diese herrliche Stadt», sofort einem Bombardement der Deutschen ausgesetzt sein würde.
Dann wartete er auf Einwände seiner aufsässigen Minister, doch niemand äußerte sich. Da unterbrach der Premierminister das bedrückende Schweigen und stellte mit einem Seufzer, der die Schwere der Entscheidung deutlich machte, fest: «Nun, meine Herren! Das bedeutet Krieg!»
Neville Chamberlain hatte endlich zur Einsicht in die Realitäten gefunden!

*

Der 3. September, ein Sonntag, begann als ein strahlender Sonnentag. Millionen Engländer vertrieben sich die Langeweile in den Gärten, einige beschäftigten sich mit dem Bau von Luftschutzbunkern oder dem Nähen von Verdunklungsvorhängen. Allerorts waren die Radios eingeschaltet. Die ganze Nation wartete.
Endlich um 10 Uhr erfolgte die Ankündigung, daß der Premierminister um 11.15 Uhr zum Volk sprechen werde. Die Hausfrauen konnten also bis dahin seelenruhig weiter der soeben laufenden Sendung lauschen, die ihnen verriet, wie sie das Beste aus Konservennahrung machen könnten.
Pünktlich zur angekündigten Zeit drang dann die gealterte, müde und niedergeschlagene Stimme des siebzigjährigen Chamberlain aus den Lautsprechern: «Ich spreche zu Ihnen aus dem Kabinettsraum in Downing Street 10. Heute morgen überbrachte der britische Botschafter in Berlin der deutschen Regierung eine letzte Note, in der wir feststellen, daß für den Fall, daß die deutsche Regierung uns nicht ihre Bereitschaft zum Rückzug ihrer Truppen aus Polen bis 11 Uhr mitgeteilt hat, wir uns als im Kriegszustand mit ihnen befindlich betrachten. Ich muß Ihnen nunmehr mitteilen, daß das nicht geschehen ist und daher dieses Land mit Deutschland im Krieg steht.»
Damit waren die Würfel gefallen!

*

27 *Nun verkünden es auch die britischen Zeitungen nach einer langen Zeit der Ungewißheit: «Krieg offiziell erklärt!»*

«Gott segne Sie! Möge er dem Recht zum Sieg verhelfen, denn wir kämpfen gegen schlimme Dinge – gegen brutale Gewalt, Falschheit, Ungerechtigkeit, Unterdrückung und Verfolgung. Und gegen all das, dessen bin ich sicher, wird das Recht siegen.»
Chamberlain
am 3. September 1939

28 *Zusammenkunft des «Obersten Kriegsrates» in Sussex in Großbritannien am 23. September 1939, drei Wochen nach Kriegsbeginn. Auf dem Bild unter anderem General Gamelin (3. von links), Premierminister Chamberlain (Mitte mit Stehkragen) und der französische Ministerpräsident Daladier (rechts).*

«Ich stand gerade auf dem Wilhelmsplatz, als gegen Mittag die Lautsprecher plötzlich verkündeten, daß England den Krieg an Deutschland erklärt habe. Etwa 250 Menschen befanden sich dort und lauschten aufmerksam der Bekanntmachung. Als die Durchsage beendet war, gab es keinerlei Aufregung. Man war vielmehr wie gelähmt. Noch können die Menschen nicht verstehen, daß Hitler sie in einen Weltkrieg geführt hat.»

William Shirer
am 3. September 39

«Der Krieg brach ruhig und wie hinter einer Wolke aus. Keine ketzerischen Parolen wie 1914, keine Fahnen, keine Demonstrationszüge, keine aufmarschierenden Truppen mit Jubelgeschrei und Blumen. Die Straßen Berlins schienen leer und waren frei von Truppen. Eine seltsame Wartestimmung hatte sich breitgemacht, die aber nach und nach schwand und mit der Niederwerfung Polens plötzlich in einen wilden Taumel einmündete.»

Werner Harz
Journalist

«Ich betrachtete die Einmischung und Kriegserklärung Englands und Frankreichs lediglich als eine Formalität. Für mich bestand kein Zweifel, daß sie angesichts der Aussichtslosigkeit polnischen Widerstandes und der hohen Überlegenheit der deutschen Rüstung bald zu der Einsicht kämen, daß wir zu jeder Zeit im Recht waren und es ihnen nichts einbrachte, sich in unsere Privatdinge einzumischen.»

Fritz Mühlebach
SA-Mann

Am Nachmittag des gleichen Tages empfing der Außenminister den französischen Botschafter Coulondre. Das am Morgen um 10.20 Uhr überreichte französische Ultimatum lief bald ab. Frankreich hatte schon am Vortag die Generalmobilmachung ausgerufen. Der französische Diplomat wies noch einmal darauf hin, daß auch auf seine Warnung vom 1. September noch keine Reaktion deutscherseits erfolgt sei. Jetzt aber sei endgültig die Stunde der Wahrheit gekommen. Von Punkt 5 Uhr an werde sich sein Land als mit Deutschland im Krieg befindlich betrachten.
«Dann aber wird Frankreich der Angreifer sein!» sagte Ribbentrop verbittert, worauf Coulondre nüchtern entgegnete: «Darüber wird einmal die Geschichte befinden!»

*

> «Unser Plan ist defensiv. Sein Ziel ist es, unsere Schlagkraft für jenen Augenblick aufzuheben, in dem unsere Verbündeten ihre Offensive im Westen einleiten. Ich muß daher Teile polnischen Bodens preisgeben, die später zurückgewonnen werden. Wenn infolge entschlossenen und durchgreifenden Handelns der Alliierten der Druck auf die polnische Front nachläßt, werde ich die geeigneten Schritte unternehmen.»
> *Marschall Rydz-Smigly*
> Polnischer Oberbefehlshaber

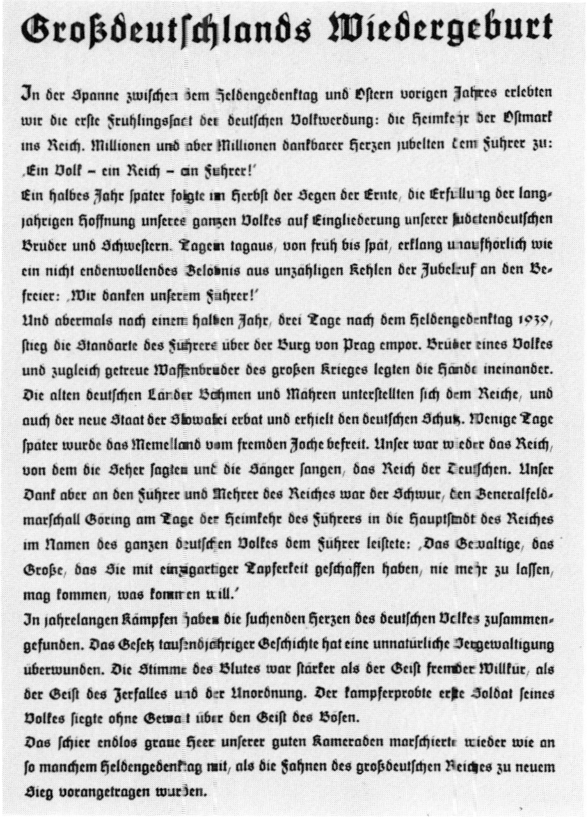
Großdeutschlands Wiedergeburt

In der Spanne zwischen dem Heldengedenktag und Ostern vorigen Jahres erlebten wir die erste Frühlingssaat der deutschen Volkwerdung: die Heimkehr der Ostmark ins Reich. Millionen und aber Millionen dankbarer Herzen jubelten dem Führer zu: ‚Ein Volk – ein Reich – ein Führer!'
Ein halbes Jahr später folgte im Herbst der Segen der Ernte, die Erfüllung der langjährigen Hoffnung unseres ganzen Volkes auf Eingliederung unserer sudetendeutschen Brüder und Schwestern. Tagein tagaus, von früh bis spät, erklang unaufhörlich wie ein nicht endenwollendes Gelöbnis aus unzähligen Kehlen der Jubelruf an den Befreier: ‚Wir danken unserem Führer!'
Und abermals nach einem halben Jahr, drei Tage nach dem Heldengedenktag 1939, stieg die Standarte des Führers über der Burg von Prag empor. Brüder eines Volkes und zugleich getreue Waffenbrüder des großen Krieges legten die Hände ineinander. Die alten deutschen Länder Böhmen und Mähren unterstellten sich dem Reiche, und auch der neue Staat der Slowakei erbat und erhielt den deutschen Schutz. Wenige Tage später wurde das Memelland vom fremden Joche befreit. Unser war wieder das Reich, von dem die Seher sagten und die Sänger sangen, das Reich der Deutschen. Unser Dank aber an den Führer und Mehrer des Reiches war der Schwur, den Generalfeldmarschall Göring am Tage der Heimkehr des Führers in die Hauptstadt des Reiches im Namen des ganzen deutschen Volkes dem Führer leistete: ‚Das Gewaltige, das Große, das Sie mit einzigartiger Tapferkeit geschaffen haben, nie mehr zu lassen, mag kommen, was kommen will.'
In jahrelangen Kämpfen haben die suchenden Herzen des deutschen Volkes zusammengefunden. Das Gesetz tausendjähriger Geschichte hat eine unnatürliche Vergewaltigung überwunden. Die Stimme des Blutes war stärker als der Geist fremder Willkür, als der Geist des Zerfalles und der Unordnung. Der kampferprobte erste Soldat seines Volkes siegte ohne Gewalt über den Geist des Bösen.
Das schier endlos graue Heer unserer guten Kameraden marschierte wieder wie an so manchem Heldengedenktag mit, als die Fahnen des großdeutschen Reiches zu neuem Sieg vorangetragen wurden.

29 *Aufruf des Vorsitzenden des «Volksbundes deutsche Kriegsgräberfürsorge e. V.» aus dem Märzheft des Jahres 1939.*

Die Erleichterung in Warschau war groß, als die Nachricht von der Kriegserklärung der westlichen Verbündeten eintraf. Selbst der sehr in Bedrängnis geratene Außenminister Beck zeigte auf seinem ansonsten meist finsteren Gesicht ein leichtes Lächeln. Bald schon trösteten sich die verängstigten Polen, deren Städte inzwischen bereits systematisch durch die weit überlegene deutsche Luftwaffe zerstört wurden, mit der Aussicht darauf, daß ähnliche Schicksale auch Städten wie Berlin, Köln und vielen anderen bevorstanden. Doch auch der vierte Tag des Monats September verlief ohne einen solchen alliierten Luftangriff, woraufhin die polnische Regierung ihren Luftfahrtattaché in London zum dortigen Luftfahrtsminister Sir Kingsley Wood beorderte. Auf die Frage, wo denn die britischen Bomber blieben, wurde ihm die Antwort beschieden, daß augenblicklich umfassendere luftstrategische Überlegungen im Gange seien. Mit dieser nichtssagenden Auskunft mußte sich der Attaché zufriedengeben.
Kurz darauf sprach der Exminister und konservative Parlamentsabgeordnete Leopold Amery mit Kingsley Wood und schlug vor, die britische Luftwaffe solle den Schwarzwald mit Brandbomben anzünden, wodurch Deutschland eine Menge wertvollen Holzes verloren ginge.
Wood wies ein solches Ansinnen entschieden zurück: «Das kann man nicht machen. Schließlich handelt es sich dabei um Privateigentum. Als nächstes werden Sie mich wohl ersuchen, das Ruhrgebiet zu bombardieren…»
Ein seltsamer Anfang für den bevorstehenden tota-

30 *Alle Maßnahmen zur Verteidigung, die zu Beginn des Krieges getroffen wurden, konnten letztlich auch Großbritannien nicht vor dem Schlimmsten bewahren, wie dieser Blick in das zerstörte Coventry nach dem deutschen Großangriff vom 14. November 1940 zeigt.*

len Krieg! Bis zum Tag der englischen und französischen Kriegserklärung war die polnische Armee «Modlin» aus der Mlawa-Stellung geworfen. Guderians Panzer waren durch den Korridor in Richtung Kulm und Graudenz durchgebrochen. Starke Teile der polnischen Armee «Pommerellen» unter General Bortnowski waren eingeschlossen und leisten den Angreifern erbitterten Widerstand. Die polnische Luftwaffe und ihre Bodenorganisation hatte schon in den ersten 24 Stunden durch einen zusammengefaßten Großangriff der deutschen Luftstreitkräfte den nahezu tödlichen Schlag erlitten.
Hitlers Blitzkrieg hielt furchtbare Ernte.

Krieg im Schatten

Es war Donnerstag, der 24. August 1939. Kurz nach Mittag griff Oberstleutnant Adolf Heusinger*, I–A jener Armee, die in Kürze das neutrale Polen überfallen sollte, zum Telefon und nahm Verbindung mit Admiral Canaris auf. Er informierte den Abwehrchef darüber, daß der Führer den genauen Zeitpunkt den Angriffs auf Polen nunmehr endgültig auf 4.15 Uhr des 26. August festgesetzt hatte.

Der kleine Admiral, den sein Stab «Hohes C» titulierte und seine Gegner im SD wegen seiner schneeweißen Haare den «Weihnachtsmann» nannten, handelte umgehend und versetzte das Regiment Brandenburg in Alarmbereitschaft. Seine Aufgabe würde es sein, noch vor dem offiziellen Ausbruch der Kämpfe wichtige Schlüsselpunkte an der deutsch-polnischen Grenze zu besetzen.

> «Er (Canaris) war eine so schillernde Gestalt, daß es keine zwei Schriftsteller gibt, die sich darin einig sind, was für ein Mann er nun wirklich war, oder an was er nun wirklich glaubte.»
>
> *William Shirer*
> «Aufstieg und Fall des Dritten Reiches»

Canaris' Männer waren vor allem auf zwei Hauptziele aus. Das erste war die Weichselbrücke bei Dirschau nahe der Freien Stadt Danzig. Sie war von besonderer Bedeutung, da über sie der gesamte Eisenbahnverkehr aus Danzig und Ostpreußen in das Innere Polens rollte. Zweites Ziel war der Jablunka-Paß im Bergland der Westbeskiden. Ihn benutzte die Eisenbahnlinie, die aus der von Deutschen besetzten Slowakei nach Mosty und weiter in das polnische Schlesien führte. Für Canaris war dieser Paß das wichtigere der beiden Ziele. Nach seiner Meinung war die Besetzung dieses Überganges unumgänglich, um den beiden in der Slowakei stationierten deutschen Panzerdivisionen den Weg in das wichtige Krakau zu öffnen und dadurch die polnischen Truppen in diesem Raum zu binden. Ohne besondere Schwierigkeit würde dann der Hauptmacht der deutschen Armee der Zugang nach Warschau möglich sein.

Die Aufgabe, den Paß zu nehmen, wurde, wie es das Schicksal so will, ausgerechnet einem Mann übertragen, der sich ein Jahr zuvor freiwillig bereit erklärt hatte, den Plan der Wehrmacht zur Ermordung Hitlers auszuführen: Leutnant Albrecht Herzner. Ausgerechnet die Truppen dieses Offiziers, der Hitler zutiefst verachtete, sollten dazu ausersehen sein, die ersten Schüsse des 2. Weltkrieges abzugeben.

Acht Stunden nach diesem ersten Telefonat erhielt Canaris neue Anweisungen von Heusinger. Diesen zufolge mußten die «Nacht-und-Nebel-Aktionen» an der polnischen Grenze schon zu einem früheren Zeitpunkt erfolgen. Herzners Gruppe und mit ihr auch alle anderen hatten ihre Unternehmungen bereits am Vorabend um 20.00 Uhr zu starten.

Ungeachtet seines Hasses auf Hitler führte Herzner seine Leute entschlossen zum Angriff. Die meisten waren Volksdeutsche und von Haß gegenüber den Polen getrieben. «Räuberzivil» war ihre Uniform und verband sie mit den übrigen Angehörigen der Herzner-Truppe, den örtlichen SA-Männern und Grenzpolizisten. Die Tatsache, daß der wichtige Jablunka-Paß von starken polnischen Verbänden gesichert wurde, war kein Grund zur Besorgnis. Man fühlte sich diesen Slawen weit überlegen. Und man schien sich nicht getäuscht zu haben. Relativ schnell kam man auf den engen Bergstraßen vorwärts und fegte jeden sich in den Weg stellenden Widerstand mit leichter Hand zur Seite. Auch als sich beim Herannähern an den Bahnhof Mosty die polnische Gegenwehr verstärkte, blieben die Angreifer siegessicher. Der Schwung, mit dem der Angriff vorgetragen wurde, verfehlte auch nicht

* Später Viersterne-General der Bundeswehr

seine Wirkung und ließ die polnischen Linien zurückweichen. Die ersten gegnerischen Soldaten ergaben sich bereits und kamen, mit weißen Handtüchern winkend, auf die Angreifer zu. In der Vorahnung eines raschen Sieges gingen die Brandenburger nun zum letzten Angriff über.
Nach nur wenigen Minuten war tatsächlich alles vorüber und das von Gewehrkugeln zerschundene Bahnhofsgelände in deutscher Hand. Als sich der polnische Oberst ergab, war Herzner zugleich glücklich und ratlos. Wo blieben denn nun die deutschen Panzer und die nachrückende Infanterie?

> «26. 8. 39. Um 3.55 Uhr mit Gefreiten Jung und zwölf Männern der K.O.J.* Bahnhof Mosty genommen. Verluste: 1 Verwundeter. Angriff der Tunnelbesatzung auf Bahnhof abgewehrt.»
> *Leutnant Herzner*
> Erste Meldung des 2. Weltkrieges

Herzner schoß nun mit einem Male ein beängstigender Gedanke durch den Kopf.
«Sie wissen doch, daß sich Deutschland und Polen im Krieg befinden!» wandte er sich an seinen polnischen Gefangenen.
Der aber wiederholte seinen anfänglich geäußerten Protest und erwiderte nur: «Ich habe doch bereits gesagt, daß dem nicht so ist. Aber Sie können sich gern selbst überzeugen, sofern Sie mir nicht glauben!»
«Wie?» fragte Herzner.
«Rufen Sie doch nur Ihren Standort an!»
Es mutete Herzner bereits eigenartig an, daß das öffentliche Fernsprechnetz noch intakt war. Als er schließlich zum Hauptquartier in der slowakischen Stadt Zilina durchkam, atmetete man dort bei den aufgebrachten Stabsoffizieren der 7. Panzerdivision mit einem Seufzer der Erleichterung auf. Seit Stunden bereits hatten sie versucht, ihn zu erreichen. Der Großangriff auf Polen war vom Führer verschoben worden, und noch herrschte formell Frieden zwischen beiden Völkern. Unfaßbar, was Herzner sich als Antwort anhören mußte: «Ziehen Sie sich augenblicklich wieder über die Grenze zurück – um Gottes willen!»

> «Sie tun mir leid, aber helfen kann ich Ihnen beim besten Willen nicht. Sie müssen selbst sehen, wie Sie aus dieser schwierigen Lage herauskommen!»
> *7. Division* an Herzner

Und Herzner schaffte es. Er konnte sich zur Grenze zurückkämpfen und erreichte sie um 13.30 Uhr bei Rakowa. Jedenfalls hatte er seine kleine Eröffnungsschlacht zum 2. Weltkrieg bereits gewonnen, wenn auch genau fünf Tage zu früh!

*

In jenem August waren in aller Welt die Agenten des Admirals Canaris mit dem «Krieg im Schatten» beschäftigt, der schon bald in den heißen Krieg einmünden sollte. Und in der Tat – der geheimnisumwitterte, in sich gekehrte Admiral hatte in allen Teilen der Welt seine Agenten am Werk: in Indien, Ägypten (unter anderem auch die Leutnants Sadat und Nasser), Persien, Süd- und Nordamerika, in Südirland (IRA) und auf der britischen Insel. Hier unterstützte er die walisischen und schottischen Separatisten, die auch heute noch nach fehlgeschlagener Volksabstimmung ihrem Ziel, die Vorherrschaft Londons abzubauen, nicht nähergekommen sind. Selbst in den tibetanischen Bergen waren Männer der Abwehr am Werk, um die Tibetaner gegen die im benachbarten Indien sitzenden Engländer aufzuwiegeln.

> «Der Secret Service wird es Ihnen übel lohnen. Glauben Sie mir, die zahlen nicht sonderlich gut, und wenn sie auch nur den leisesten Verdacht schöpfen, werden sie nicht zögern, Sie an mich oder an meine Kollegen vom SD zu verraten.»
> *Canaris*
> zu dem NS-Gegner Fabian von Schlabrendorff

Doch in diesem Sommer war die Abwehr nicht nur in der Wildnis Tibets oder den Wüsten Afrikas beschäftigt. Auch in Deutschland selbst war sie äußerst rege. Schon seit 1938 war sie darauf aus, das von zwei älteren britischen Offizieren mit Sitz in

---
* Kampforganisation Jablunka

31 *Herzner und seine Mannschaft, das «Kommando Jablunka».*

Den Haag gelenkte große Netz des Secret Service in Deutschland zu zerreißen. Erfolge waren nicht ausgeblieben. So gelang es der Abwehr beispielsweise, unmittelbar vor dem Hauptquartier des Secret Service ein Hausboot festzumachen, wie sie zu Tausenden in den Grachten der niederländischen Hauptstadt liegen. Von diesem unverdächtigen Platz aus wurden alle Personen fotografiert, die das betreffende Gebäude betraten oder verließen. Ob es dabei Absicht war, daß die Briten ihr Hauptquartier ausgerechnet in direkter Nachbarschaft zu jenem Hause aufgeschlagen hatten, das vordem die bekannte holländische Spionin Mata Hari beherbergte?

Auf diese und ähnliche Weise war es in den vergangenen zwölf Monaten gelungen, die meisten britischen Spionagenetze auf deutschem Boden aufzurollen. So wurden beispielsweise die Spionageringe der deutschen Adelsangehörigen Graf von Spiegel-Siesenberg und Baron von Gerlach gesprengt und auch – um noch einen weiteren zu erwähnen – der Ring des noch jungen Führers der Mönchen-Gladbacher Katholischen Jugend, Theo Hespers, der seinen Einsatzbereich im Raum Düsseldorf – Köln – Maastricht hatte. Die Arbeit der Abwehr war so erfolgreich gewesen, daß im Sommer 1939 als letzter bedeutender britischer Spion nur noch einer übriggeblieben war: «Dr. K.», von den Briten als «Agent 33016» geführt und der älteste sowie zugleich wichtigste Spion auf der Gehaltsliste des British Secret Service.

«Der britische Geheimdienst hat eine große Tradition. Deutschland besitzt nichts Vergleichbares. Jeder erfolgreiche Schlag gegen diese Organisation verhilft uns zu ähnlicher Tradition und dient gleichzeitig einer noch weiter reichenden Zielsetzung. Die Verräter würden Deutschland während dieses entscheidenden Kampfes das Messer in den Rücken stoßen und müssen daher restlos ausgemerzt werden. Die Verschlagenheit und die Falschheit des britischen Geheimdienstes sind weltbekannt, und dennoch würde ihm das wenig nützen, wenn nicht Deutsche selbst bereit wären, Deutschland zu verraten.»

Hitler zu SD-General Schellenberg
November 1939

*

Wie gewöhnlich gelangte auch diesmal der Verräter mit dem aus Holland kommenden Nachtzug in den Kölner Hauptbahnhof. Mit Papieren ausgestattet, die ihn als einen für BMW in Holland tätigen Angestellten auswiesen, überquerte er den Bahnhofsvorplatz und ging hinüber zum «Dom-Hotel». Dort erwartete ihn bereits Hauptmann Giskes, ein Mann von der Hamburger Nebenstelle der Abwehrorganisation. Giskes ließ Getränke bringen und fragte dann seinen Agenten, einen Engländer niederländischer Herkunft mit Namen Jack Hooper, nach den mitgebrachten Informationen. Doch der Mann, der seit 1936 für die Abwehr arbeitete, schien keine zu besitzen. Mit leichtem Stirnrunzeln leerte Giskes daraufhin sein Glas und schickte sich zur Verabschiedung an: «Lassen Sie es mich wissen, wenn Sie wieder mal etwas haben! Dann können wir uns wieder treffen.»
Niedergeschlagenheit machte sich auf Hoopers Gesicht breit, als Giskes fortfuhr: «Das, was Sie mir heute erzählen konnten, hat die Fahrt von Hamburg hierher nicht gelohnt.»
Hooper aber starrte betroffen und wie im Innersten mit sich ringend auf sein Glas und brachte schließlich zögernd hervor: «Ich kenne da einen Mann. Doch wenn ich Ihnen seinen Namen nenne, werden Sie ihn hängen.»
Giskes hielt dagegen, daß er zwar nichts versprechen könne, doch werde er sein Bestes versuchen, den unbekannten britischen Agenten – um einen solchen konnte es sich offensichtlich nur handeln – vor dem Tod zu retten. «Wieviel wollen Sie?» fragte er.
«Ich kann Ihnen seinen Namen nicht sagen», gab Hooper zurück.
Giskes zückte sichtlich erregt seinen Bleistift und hielt ihn Hooper hin: «Dann schreiben Sie ihn auf!»
Der barsche Ton in Giskes Worten reichte nun doch aus, Hooper zum Sprechen zu bewegen: «Sein Name ist Krüger.»
«Es gibt in Deutschland Tausende von Krügers. Ich muß nähere Einzelheiten wissen!» fuhr Giskes im gleichen schroffen Ton fort und schob Hooper ein Bündel Banknoten zu.
Das schien zu wirken, denn nun packte der Engländer aus: «Sein vollständiger Name ist Otto Krüger. Die Engländer nennen ihn Dr. Krüger. Er lebt in Bad Godesberg und kommt immer wieder nach Holland, um die Briten zu treffen. Dann hält er sich entweder im Hotel ‹Amstel› in Amsterdam oder im ‹Hotel des Indes› in Den Haag auf.»
Das war's. So verriet Hooper, umgeben vom Luxus

32 *Sidney Cotton wurde vom Secret Service eine Maschine des Typs Lockheed 12 A zur Verfügung gestellt, um erfolgreich seine Spionagetätigkeit aus der Luft fortzusetzen.*

des vornehmen Kölner Dom-Hotels, den Agenten «Dr. K.», der seit 1919 die deutsche Kriegsmarine ausspioniert hatte, Dr. h.c. einer Technischen Hochschule und Industrieverbands-Direktor war. Weder Hooper noch Giskes konnten zu diesem Zeitpunkt wissen, daß Krüger sich am 4. September, einen Tag nach der Kriegserklärung Großbritanniens an Deutschland, in seiner Zelle im Hamburger Gefängnis erhängen würde. Das britische Spionagenetz aber war nunmehr endgültig zerschlagen.

«Es überrascht mich, daß die Briten sich solchen Abfalls wie Hooper nicht schon bald entledigten, indem sie ihn nach Aufdeckung seines Doppelspiels in einer der Grachten versenkten. Denn schließlich haben sie das im 1. Weltkrieg des öfteren praktiziert – eine bequeme Art und Weise, sich von solchen Leuten zu trennen.»
Giskes gegenüber den Verfassern

*

«Wie konnte ich die entstandene Informationslücke schließen? Mit Genehmigung des Luftwaffenstabes bestellte ich in Amerika über die Luftverkehrsgesellschaft ‹British Civil Airlines› ein Lockheed-Verkehrsflugzeug mit geheizter Kabine und begann, Experimente auf dem Gebiet der Luftbildaufklärung anzustellen. Zu dieser Zeit war es noch unmöglich, Luftbilder aus Höhen über 2400 Meter zu schießen, weil sich Feuchtigkeit auf den Fotolinsen niederschlug.
Angesichts unserer deutschen Gegenspieler wären Flüge unterhalb dieser Höhe jedoch selbstmörderisch gewesen. So entwickelten wir eine Methode, Warmluft unter die Kameraoptiken zu blasen, die es möglich machte, Fotos aus einer Höhe von bis zu 9000 Metern aufzunehmen, so daß wir bis zum September 1939 über Deutschland Aufklärungseinsätze fliegen konnten.»
Hauptmann Winterbotham 1976

Ja, doch nur am Boden! Der britische Geheimdienst oder, um ihn mit vollem Namen zu nennen,

33 *Sidney Cotton, der Luftspion über Deutschland.*

der «Secret Intelligence Service», hatte während dieses Sommers noch andere Spione in Deutschland – in der Luft.
Der Beginn einer neuen Art von «Kriegführung im Schatten» ging auf einen unauffälligen ehemaligen Piloten des 1. Weltkrieges zurück, der seit 1929 für den britischen Nachrichtendienst arbeitete. Fred Winterbotham hatte in den dreißiger Jahren selbst als Spion in Deutschland gewirkt und sich dabei völlig ungezwungen unter die Nazi-Prominenz gemischt, einschließlich Hitlers und Himmlers, die ihn für einen Sympathisanten der nationalsozialistischen Sache hielten.
Der Engländer wußte seit 1938, daß seine herkömmliche Spionagetätigkeit innerhalb des Deutschen Reiches ein zu großes Risiko in sich barg.

Man war ihm deutscherseits auf die Spur gekommen, so daß er bei seinem nächsten Deutschlandbesuch damit rechnen mußte, festgenommen zu werden. Sollte das Reich weitere Geheimnisse preisgeben, so mußte ein anderer Weg zu ihrer Aufdeckung beschritten werden. Der «Erbfeind» Deutschlands im Westen war hier bereits ein Stück voraus. Georges Ronin vom «Deuxième Bureau» in Frankreich hatte zum damaligen Zeitpunkt bereits Piloten der «Air France» dazu überreden können, insgeheim Fotos von deutschen Militäreinrichtungen zu schießen, wenn sie mit ihren Flugzeugen das Rheingebiet zwischen Straßburg und Köln überflogen.
Doch auch diese Methode wurde im Frühjahr 1939 immer risikoreicher, so daß der Engländer Winterbotham nach einem Weg suchte, deutsche Einrichtungen aus so großen Höhen zu fotografieren, daß niemand am Boden auch nur den geringsten Verdacht für gerechtfertigt hielt, daß solches geschähe. Im April 1939 stellte sich unvermutet die Lösung des Problems ein. Noch nicht wissend, daß er auf der richtigen Spur war, schnitt der Engländer drei Löcher in den Rumpf seiner Maschine und richtete aus ihnen jeweils eine Kamera zu Boden, so daß sie zusammen ein möglichst großes Feld abdeckten. Durch Zufall bemerkten er und seine Helfer, daß ohne weitere Einrichtungen ein warmer Luftstrom aus der beheizten Kabine über die Kameraobjektive strich und sie vor dem Beschlagen bewahrte. Der Glückspilz schrieb Jahre später: «Das Wunder aller Wunder! Sie beschlugen nicht, selbst nicht in Höhe von 6500 Metern. Es schien fast zu einfach, um wahr zu sein!»
Dann kam im Juli 1939 die Frankfurter Luftfahrtschau. Auch die Spionagemaschine, von einem australischen Draufgänger gesteuert, wurde der Nazi-Prominenz vorgestellt und fand reges Interesse. Natürlich wußte niemand um das besondere Geheimnis dieser Maschine, auch nicht die führenden Generäle der Luftwaffe Milch und Kesselring, denen es die neue Lockheed besonders angetan hatte. Kesselring bat sogar den Piloten Sidney Cotton um einen Flug. Der Australier zeigte sich geehrt, dem Wunsch des Generals entsprechen zu können. Insgeheim aber hegte er dabei die Hoffnung, Kesselring, der erst spät fliegen gelernt hatte, würde während des Fluges selbst den Steuerknüppel übernehmen wollen, während man rheinaufwärts in Richtung Mannheim flog. Cotton hatte sich nicht geirrt. Sehr gern wechselte der General nach den ersten Minuten auf den Pilotensitz. Cotton aber, unerschrocken und eiskalt wie immer, konnte der Versuchung nicht widerstehen, die Kameras einzuschalten und die Mannheimer Flugabwehrstellungen zu fotografieren, als Kesselring die Stadt überflog.
Am Tage darauf wiederholte der Australier seine Flugvorführungen mit anderen wichtigen zivilen und militärischen Passagieren, diesmal rheinabwärts bis Köln. Während er mit tausend Worten die Vorzüge seiner neuen zweimotorigen Maschine pries, reihten sich auf den Filmen der Kameras ununterbrochen Aufnahmen von Flugfeldern, Munitionsdepots, Industrieanlagen und Festungswerken aneinander, die bereits für den bevorstehenden Konflikt vorbereitet waren.
Doch auch Cottons Uhr lief schließlich ab, denn sein Verhalten ließ allmählich einen zunächst noch unnachweisbaren Verdacht bei den Deutschen aufkommen. Als er am 14. August 1939 auf dem Flughafen Berlin-Tempelhof landete, fragte ihn unvermittelt der Kontrolloffizier des Flughafens, warum er denn diesmal einen nördlichen Kurs von London herüber genommen habe. Nachdem Cotton diese Tatsache mit seiner Gewohnheit begründet hatte, meist in kreisförmigem Kurs zu fliegen, gab sich der Offizier zufrieden und meinte entschuldigend: «Ah ja, wie Lindbergh, nicht wahr? Ich danke Ihnen und bitte um Verzeihung, Sie überhaupt danach gefragt zu haben.»
Zehn Tage später startete Cotton zum letzten Mal von Berlin. Er war dort festgehalten worden, weil Hitler für den Tag des geplanten Angriffs auf Polen jeden Flugverkehr untersagt hatte. Als dann jedoch, wie wir bereits sahen, dieser Befehl zum Angriff aufgehoben wurde, erhielt der Australier endlich die Erlaubnis, Berlin in Richtung London zu verlassen. Doch diesmal schrieben ihm die deutschen Stellen den genauen Kurs und die Flughöhe von 300 Metern vor. Sollte er auch nur einen Meter von diesem Kurs abweichen, so würden ihn die Flak-Stellungen entlang seiner Route augenblicklich abschießen.
Cotton war die Eindringlichkeit dieser Warnung voll bewußt. Er schaffte es auch, ohne jeden Ärger die holländische Grenze bei Groningen zu erreichen. Ununterbrochen aber ließ er seine Augen wandern, die, als er seinen Kopf in Richtung des großen Flottenstützpunktes Wilhelmshaven wand-

te, plötzlich von einem überraschenden Anblick gefesselt wurden. Da lagen, in der Sonne blinkend, die Schiffe der deutschen Marine vor ihm und mittendrin in strahlendem Weiß die «Grille», des Führers eigene Yacht. Dieses Bild konnte Cotton sich nicht entgehen lassen; er gab seinen versteckten Leicas das Blickfeld frei und schoß seine Aufnahmen.
Zwei Stunden danach landete der waghalsige Pilot in London und wurde von einem wißbegierigen Zollbeamten gefragt: «Von wo kommen Sie?»
«Von Berlin!»
«Wohl ein wenig spät weggekommen, nicht wahr?» entgegnete der Beamte ziemlich gelangweilt und gab sich zufrieden.
Für das dem Krieg entgegengehende Deutschland war damit zunächst die Spionage aus der Luft, die Jahre später von U-2 und Spionagesatelliten weltweit fortgesetzt werden sollte, beendet. Wie nützlich sie jedoch war, zeigte sich in England bereits 11 Tage später. Unmittelbar nachdem ein gewisser Winston Churchill zum Seefahrtsminister bestellt worden war, bat er um genau jene Fotos, die Cotton bei seinem letzten Flug aufgenommen hatte. Sie sollten ihm zeigen, wo die deutsche Flotte lag.

*

Nicht nur in oder über Deutschland waren in jenen Augusttagen des Jahres 1939 Kräfte am Werk, die versuchten, Hitlers Absichten zu erkunden. In Warschau arbeiteten die Offiziere des polnischen Nachrichtendienstes fieberhaft an einem Problem, dessen Lösung sie seit nunmehr fast einem ganzen Jahrzehnt beschäftigte. Man wollte das Geheimnis der deutschen Chiffriermaschine lüften, über die alle militärischen und diplomatischen Nachrichten der Deutschen liefen.

«Ich erinnere mich noch, wie Hitler seinen Marschällen und mir immer wieder in lehrhaften Wendungen erklärte, daß wir in diesem Krieg den besten Geheimcode hätten, den Menschen überhaupt erfinden konnten.»
Albert Speer

Die Codiermaschine «Enigma» war 1919 von einem Holländer namens Hugo Koch erfunden worden. Acht Jahre später hatte Koch sein Patent an

34 *Nach Rückkehr von ihren Einsätzen stellen sich die englischen Fliegerbesatzungen den Fragen der Abwehroffiziere.*

den in Düsseldorf lebenden Deutschen Arthur Scherbius verkauft, der damit nach Berlin-Wilmersdorf zog. Hier gelang es ihm, die Maschine durch Verwendung unterschiedlicher Schalttafeln noch weiter auszubauen. Jede Zuleitung wurde mit einer wegführenden Leitung verbunden, was sich durch Einsatz verschiedener Schalttafeln beliebig abwandeln ließ. Scherbius fand auch Gelegenheit, die Maschine kurz darauf auf der Berliner Postausstellung vorzuführen und sie als eine Möglichkeit anzupreisen, Industriegeheimnisse vor unliebsamen Konkurrenten zu schützen. Bereits damals hatte Enigma das Interesse des polnischen Geheimdienstes erregt, der immer darauf aus war, über das Tun der deutschen Nachbarn auf dem laufenden zu sein.
In den späten zwanziger Jahren schließlich verschwand Enigma vom Markt, was die Polen zu der richtigen Annahme kommen ließ, daß die Reichswehr sie aufgekauft haben könnte. Man wußte also immerhin auf polnischer Seite, wo sie eingesetzt war, und hatte bis zur «Machtergreifung» auch keinerlei Schwierigkeit, die meisten der von ihr ausgehenden Nachrichten zu entschlüsseln. Selbst nachdem Enigma eine weitere Verbesserung erfahren hatte, änderte sich das nicht. Es war den Polen ge-

lungen, eine für die deutsche Botschaft in Warschau bestimmte Enigma abzufangen und in ihre Geheimnisse einzudringen.
Gegen Ende der dreißiger Jahre wurde Enigma weiter verbessert. Nur ein von den Polen entwikkeltes Decodiergerät mit der Bezeichnung «Bomba» war nunmehr in der Lage, die immer verzwickteren Nachrichten der Enigma zu deuten. Dieses Gerät war, auch wenn es mechanisch arbeitete, zweifellos der Vorfahre von weit wirkungsvolleren Computern, wie sie Briten später zu gleichen Zwecken benutzten. Ihre Erfindung aber wurde aus Sicherheitsgründen bis zum Jahre 1975 geheimgehalten.*

«Es ist kaum möglich, die Konstruktion dieses Gerätes in wenigen Worten zu beschreiben. Grob gesprochen, handelte es sich um ein kompliziertes System elektrisch angetriebener Zylinder, die alle Buchstaben des Alphabets trugen. Eine Art Schreibmaschine fütterte die einzelnen Buchstaben einer Meldung in die Maschine, wo sie von den sich drehenden Zylindern vertauscht, umgewandelt und verschlüsselt wurden. Wir schätzen, daß eine ganze Mannschaft von Spitzenmathematikern einen Monat oder länger zu arbeiten hätte, um alle Kombinationsmöglichkeiten aufzuspüren und eine einzige Schlüsselgruppe in Klarschrift zu übersetzen. Die Stellung der einzelnen Zylinder zueinander war das ganze Geheimnis. Aber dieses Geheimnis wurde selbstverständlich streng gehütet. Kein Wunder, daß die Deutschen ihren Code als absolut sicher betrachteten.»
Hauptmann Winterbotham

Kein anderer in Warschau wußte im August 1939 besser um die für das Land heraufziehende Gefahr als die Offiziere des polnischen Nachrichtendienstes. Was aber würde aus dem so ungemein wichtigen Wissen um Enigma, falls ihnen die Arbeit unmöglich gemacht werden sollte? Nach ihrer Meinung war es ratsam, die verbündeten Franzosen und Briten in die Enigma-Geheimnisse einzuweihen, um so ihnen die Fortführung der fruchtbaren Arbeit im Westen zu ermöglichen, falls Polen besiegt werden sollte.
Insgeheim wurde eine Zusammenkunft arrangiert, zu der auch der als «Professor Sandwich» getarnte stellvertretende Leiter des Secret Intelligence Service erschien. Man kam überein, daß sowohl den Franzosen als auch den Briten eine brandneue Enigma «Made in Warschau» anvertraut werden sollte, um sie in ihrer Handhabung zu üben.
Demzufolge reiste, als sich die finsteren Wolken eines bevorstehenden Krieges im August immer drohender über Europa zusammenzogen, der Leiter der dem britischen Geheimdienst unterstehenden Decodier-Schule, der Schotte Alexander Denniston, nach Polen, um die Enigma in Empfang zu nehmen. Noch heute ist ungeklärt, wie er in ihren Besitz gelangte. Man berichtet von umgebauten Koffern, aus dem Lande geschmuggelten polnischen Mechanikern und ähnlich geheimnisvollen Unternehmungen. Jedermann, der in Großbritannien um die wirklichen Umstände der abenteuerlichen Reise des Schotten wissen müßte, hüllt sich auch heute, vierzig Jahre nach dem Geschehen in einem entlegenen polnischen Schloß, noch in Schweigen.* Wie aber auch immer sich eines Tages der wahre Sachverhalt darstellen mag, der kleine Codier-Spezialist befand sich an diesem Tage im Besitz eines kriegsentscheidenden Gerätes und brachte es nach Großbritannien. Das Deutsche Reich bekam die Folgen dieser gelungenen Aktion in den kommenden Kriegsjahren mehrfach zu spüren. Der Untergang der «Bismarck» und der «Tirpitz» waren unter anderem auch auf den Besitz der Enigma zurückzuführen, ebenso die Niederlagen Rommels in Afrika und Kluges in der Normandie. Sechs Jahre lang konnten die Briten Hitlers Geheimnisse belauschen, bis schließlich im April 1945 Martin Bormann, Hitlers «Braune Eminenz», nachdem er in dem von der Roten Armee eingekreisten Berliner Bunker in der Falle saß, die letzte Meldung über Enigma abschickte. Dabei hatte Hitler bis zum Ende unterschütterlich auf die Unüberwindlichkeit dieser geheimnisvollen Maschine gebaut.

*

* Einer der Väter des Computers bekam erst 38 Jahre später für seine Verdienste den Ehrendoktortitel zuerkannt.

* Die britischen Behörden erlaubten lediglich im Jahre 1974, daß die eine oder andere Einzelheit der seltsamen Enigma-Aktion an die Öffentlichkeit gelangte. Vieles aber bleibt wohl auch weiterhin ein wohlgehütetes Geheimnis.

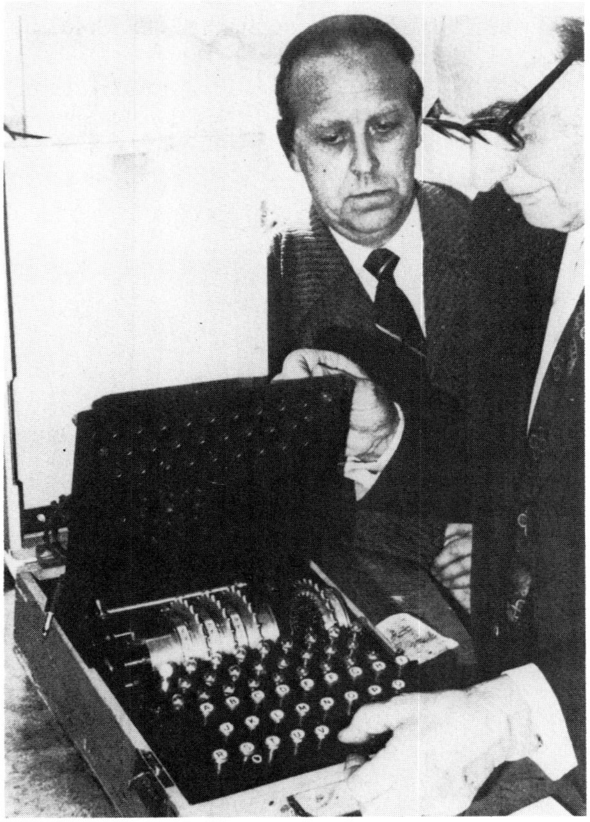

35 *Oberst Lisicki begutachtet die französische Nachbildung einer «Enigma», die für eine Fernsehproduktion der BBC im Jahre 1976 wieder hergerichtet worden ist.*

36 *Eine mit fünf Rotoren ausgestattete «Enigma» mit abgenommener Abdeckung.*

Hitlers Reich aber war in diesen letzten Tagen des ungewöhnlich heißen Augusts des Jahres 1939 nicht nur Spionageziel der Polen, Franzosen und Briten, die ihren «Krieg im Schatten» aus der Luft und über Funk führten. Auch in Deutschland selbst, auf deutschem Boden, war noch ein gegnerischer Geheimdienst am Werk, der offiziell im März des gleichen Jahres zu bestehen aufgehört hatte: der tschechische Geheimdienst.

Ein einziger, einsamer Agent der Tschechen mit dem Decknamen «A 54» hatte sich über die Ereignisse der letzten Jahre hinüberretten können und setzte sein Werk fort. Die Geschichte dieses mysteriösen Spions hatte drei Jahre zuvor begonnen, als im Februar 1936 die tschechische Zentrale in Prag ein in ziemlich schlechtem Deutsch verfaßtes Schreiben erhielt, in dem der Absender seine Dienste anbot. Zunächst sträubte man sich in Prag, dem Schreiber die ehrliche Absicht zu glauben. Sein schlechtes Deutsch schien doch zu verdächtig. Schließlich aber schob man derlei Bedenken auf tschechischer Seite in den Hintergrund und vereinbarte eine Zusammenkunft mit dem anonymen Schreiber. Dabei stellte sich heraus, daß er für die Dresdener Stelle der Abwehr als Fotograf tätig war und durch seine Verlobte Zugang zu dem im dortigen Archiv lagernden Geheimmaterial besaß. Das genügte, um ihn als «A 54» in die Dienste des Geheimdienstes zu nehmen.

In Wirklichkeit hieß «A 54» Paul Thümmel, war von Beruf Bäcker und hatte schon sehr früh die Mitgliedschaft in der NSDAP erworben. Ein besonders enges Verhältnis besaß er zu Himmler, mit dem ihn ein freundschaftliches «Du» verband.

«Der Brief schlug bei uns wie eine Bombe ein. Ein Deutscher bot sich an, uns Informationen über die Tätigkeit des deutschen Nachrichtendienstes in der Tschechoslowakei zu geben und verlangte dafür 15000 Mark, die ersten 4000 Mark bereits in den kommenden Wochen. Außerdem benötigte er eine Kamera, die er aus Sicherheitsgründen in Deutschland kaufen wollte. Schließlich teilte er uns mit, daß er nach Übergabe der ersten Lieferung für ein Jahr die Verbindung zu uns unterbrechen werde.
Er schrieb weiterhin, daß er unsere Antwort bis spätestens zum 14. Februar erwartete. Von dieser Antwort machte er es abhängig, ob er das Material dem französischen Nachrichtendienst anbieten werde.
Der Brief war unterzeichnet mit «Ihr FM» und gab als Adresse an: FM 137, postlagernd Annaberg/Erzgebirge.»

Leutnant Alois Frank
vom tschechischen Geheimdienst

Durch Himmlers Vermittlung war Thümmel 1933 zur Abwehr gestoßen und bei der Dresdener Abteilung dieser Organisation untergekommen. Drei Jahre lang hatte er nunmehr dort seinen Dienst versehen, bevor er sich jetzt den Tschechen anbot.
Man kann nicht recht verstehen, warum Thümmel auch nach der Besetzung des Landes durch die Deutschen seinen Dienst für die Tschechen fortsetzte. Wurde er erpreßt? Bestach man ihn mit großen Geldsummen? Wir wissen die Antwort nicht. Er fuhr jedenfalls mit seiner Tätigkeit fort und spielte den Gegnern des Deutschen Reiches auch weiterhin entscheidende Informationen zu. Zunächst übermittelte er sie nach Frankreich und später, als elf ausgesuchte Offiziere in London eine Exil-Organisation des tschechischen Nachrichtendienstes aufgebaut hatten, die eng mit dem Britischen Geheimdienst zusammenarbeitete, nach Großbritannien.
Am 15. März 1939, dem Tag, als Hitler in das besetzte Prag einzog, nahm ein gewisser Dr. Paul Hans Steinberg Quartier im Hotel «Goldene Gans», wo er die nächsten drei Jahre bleiben sollte. Natürlich handelte es sich bei Dr. Steinberg um keinen anderen als «A 54», alias Paul Thümmel. Von seinem neuen Quartier aus informierte er nicht nur die in London sitzenden Tschechen über den geplanten deutschen Einmarsch in Frankreich und über die von deutschen SD-Agenten in Portugal beabsichtigte Entführung des Herzogs von Windsor und seiner Gemahlin. Er setzte sie auch in Kenntnis vom bevorstehenden Überfall auf Polen.
Das war sie nun – die von London so lange erwartete Nachricht. Jetzt mußte man nur noch wissen: Wann?

*

Nach dem Fehlstart der Aktionen gegen Polen am 24. August, begann der «Krieg im Schatten» ernsthaft am 31. August, als der Mann, den Hitler den «Mann mit dem eisernen Herzen» nannte und der späteren Tages für die Ergreifung des «Verräters X», wie Thümmel bezeichnet wurde, verantwortlich sein sollte, die Parole für den Beginn des großen Krieges ausgab. Sie bestand aus nur zwei scheinbar belanglosen Worten: GROSSMUTTER GESTORBEN.
Adressat dieser vom Chef des SS-Polizeiapparates Reinhard Heydrich, dem «Mann mit dem eisernen Herzen», abgesandten Botschaft war dessen langjähriger Hauptagent und skrupelloser Gefolgsmann Alfred Naujocks, ein ehemaliger Ingenieur aus Kiel.
Naujocks hielt sich zu diesem Zeitpunkt im Hotel «Oberschlesischer Hof» nahe der kleinen Grenzstadt Gleiwitz auf. Bereits seit Mitte des Monats, seit Heydrich ihn in die Operation «Himmler» eingeweiht hatte, wartete er dort. Dabei war es dem Mann, der sich später einmal als «deutscher James Bond» bezeichnete, die ganze Zeit über nicht sehr geheuer gewesen. Denn das Vorhaben, mit dem ihn Heydrich in seinem Büro in der Prinz-Albrecht-Straße 10 zu Berlin beauftragt hatte, kam ihm eher wie ein Himmelfahrtskommando vor.
Ziel des Planes sollte es sein, mit einer Mannschaft von polnisch uniformierten SD-Angehörigen den Gleiwitzer Rundfunksender zu besetzen. Für die Dauer einer Stunde sollten sie sich des Senders bemächtigen und der Öffentlichkeit durch Bekanntgabe von aufrührerischen Hetzparolen den Eindruck vermitteln, als sei der Ort von polnischen Freischärlern eingenommen worden. Um der Ak-

tion einen wirksamen Hintergrund zu verleihen, sollte es die Aufgabe des Gestapochefs Müller sein, Leichen aus einem Konzentrationslager zu beschaffen, sie in polnische Uniformen zu stecken und geschickt auf dem Gelände des Rundfunksenders zu verteilen. Die Leichen, von Müller «Konserven» genannt, sollten den Eindruck erwecken, im Gefecht um den Sender gefallen zu sein.

Eins vor allem machte Naujocks größtes Kopfzerbrechen. Es war Heydrichs Antwort auf seine Frage, wie man denn die Aktion geheimhalten könne. Heydrich hatte darauf geantwortet: «Ich will Ihnen sagen, was geschehen wird, Naujocks! Die Männer werden keinerlei Ärger bekommen. Es werden ihnen danach Möglichkeiten in Hülle und Fülle geboten werden, sich für ihr Vaterland aufzuopfern. Man wird ihnen die Chance geben, den Heldentod an der Front zu sterben!»

Naujocks' Gesicht hatte nach dieser Auskunft Entsetzen widergespiegelt, was Heydrich jedoch nicht daran hindern konnte fortzufahren: «Ja, Naujocks! Es wird Krieg geben... Und wir werden diejenigen sein, die ihn beginnen...»

Doch nicht Heydrichs Ankündigung eines bevorstehenden Krieges hatte Naujocks beunruhigt. Vielmehr war es der Gedanke daran, daß man auch ihm als dem Anführer des Unternehmens Gelegenheit zum «Heldentod» an der Front bieten würde, um seinen Mund für alle Zeiten zum Schweigen zu bringen.

> «Es war immer dasselbe. Diejenigen, die Heydrich am nächsten standen, fürchteten ihn am meisten.»
> *A. Naujocks*

Seit jener Begegnung wartete nun Naujocks auf das Eintreffen des Befehls zum Einleiten der Aktion, die Hitler den Vorwand für den Einmarsch in Polen liefern sollte. Die mit größter Sorgfalt ausgewählten Männer der Gruppe hatten in anderen Hotels und Pensionen der Stadt Gleiwitz Unterkünfte bezogen. Sie mieden es tunlichst, soweit es eben ging, einander zu begegnen. Wenn es dennoch, zum Beispiel auf der Straße, nicht zu vermeiden war, dann schaute man uninteressiert in eine andere Richtung. Ihre Kleidung war mit Fabrikationsetiketten aus Lodz und anderen polnischen Städten versehen, und die Brieftaschen strotzten vor Zloty-

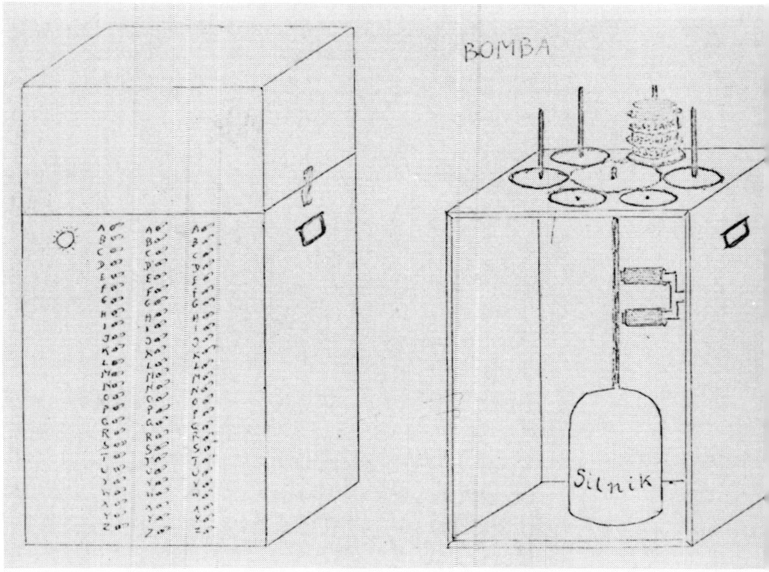

37 *Kopie der Originalskizze einer polnischen «Bomba», wie Marian Rejewski sie in späteren Jahren in Warschau aus dem Gedächtnis nachzeichnete. (Silnik* = Motor)

Scheinen, die Heydrich beschafft hatte. Auch alles übrige, was sie in ihren Taschen mit sich trugen, deutete auf polnische Herkunft hin, so etwa Zigarettenpäckchen, Fahrkarten, Kinokarten oder Briefe. Heydrich hatte alles perfekt organisiert.

> «Morgen werden deutsche Truppen in Polen einmarschieren. Wir werden Krieg haben.»
> *Heydrich*, Chef der Sicherheitspolizei und des SD an seine Frau Lina am 31.8.39

Und jetzt war es da, das Telegramm aus Berlin. Es verriet, daß dies der letzte Friedenstag in Europa war: «Großmutter gestorben!» Das Unternehmen «Himmler» konnte anlaufen.

*

Die unerbittliche Maschinerie des Heydrich-Plans lief an. Im nahegelegenen Oppeln setzte Gestapo-Müller seine mit «Konserven» vollgepackten Lastwagen in Bewegung. SS-Soldaten, die in den Wäldern und Nebenstraßen Position bezogen hat-

38 *Bletchley Park in London heute. Noch stehen viele der Gebäude, in denen man versuchte, den Geheimnissen der «Enigma» auf die Spur zu kommen.*

39 *In diesem viktorianischen Gebäude im Bletchley Park in London war die britische Schule für Geheimcodes untergebracht.*

ten, schirmten das Gebiet gegen mögliche Eingriffe der unwissenden Wehrmacht ab. Gleichzeitig überwachten Gestapo-Angehörige die Polizeistationen, die möglicherweise aktiv werden konnten, falls aus Gleiwitz wider alles Erwarten doch noch ein Hilferuf kommen sollte. Um 19.45 Uhr am 31. August war das Unternehmen in vollem Gange.

Naujocks und seine Leute gingen auf einer kleinen Seitenstraße in der Nähe des Senders in Stellung. Vermutlich erging es allen Beteiligten ähnlich wie Naujocks selbst, der später zugab: «Ich hatte das unsichere Gefühl, in eine Falle zu laufen!» Dreien seiner Männer erteilte er den Auftrag, die Straße im Auge zu behalten: «Wenn jemand kommt, dann geben Sie sofort Alarm! Wenn jemand versucht, das Gebäude nach uns zu betreten, dann schießen Sie ihn nieder!» Dann zeigte er zum hellen, modernen Rundfunkgebäude hinüber und rief: «Los!»

So unauffällig wie nur eben möglich, ging die Gruppe auf das Gebäude zu. Ein Wagen kam vorbei, doch seine Insassen nahmen von den Männern keinerlei Notiz. Schließlich langten sie am Tor an. Ein Nachtwächter blickte sie aus seiner Glaskabine an, ein alter Mann mit grauem Schnurrbart. Einer von Naujocks' Leuten hielt sofort seine Pistole auf den Portier gerichtet und forderte in polnischer Sprache: «Hände hoch!» Augenblicklich kam der Mann dieser eindringlichen Aufforderung nach.

Nun liefen die Ereignisse Schlag auf Schlag ab. Die Männer stürzten die Treppe hinauf, wo ihnen ein Techniker namens Foitzik begegnete.Kaum hatte er den Mund zu einem Schrei des Entsetzens geöffnet, da ließ ihn Naujocks' Pistole auch schon wieder verstummen. Als die Gruppe in den Senderaum stürmte, wandten sich die Angestellten verständnislos um und erhoben schlagartig die Hände, als Naujocks sie dazu aufforderte.

Später erinnerte sich Naujocks: «Dann gaben wir im Senderaum Pistolenschüsse in die Decke ab, um draußen den Eindruck von Kampfeslärm vorzutäuschen und die Leute aufzuschrecken.»

Schnell wurde die Belegschaft des Senders gefesselt und in den Keller hinuntergebracht. Doch dann stellte sich ein Problem: Wie waren die Sendeanlagen zu bedienen? Er gab später an: «Wir hatten eine Menge Arbeit, bevor wir unsere Botschaft endlich loswurden.» In höchster Verlegenheit betätigten er und seine Männer wahllos all die ihnen unbekannten Knöpfe, Schalter und Kontrollgeräte,

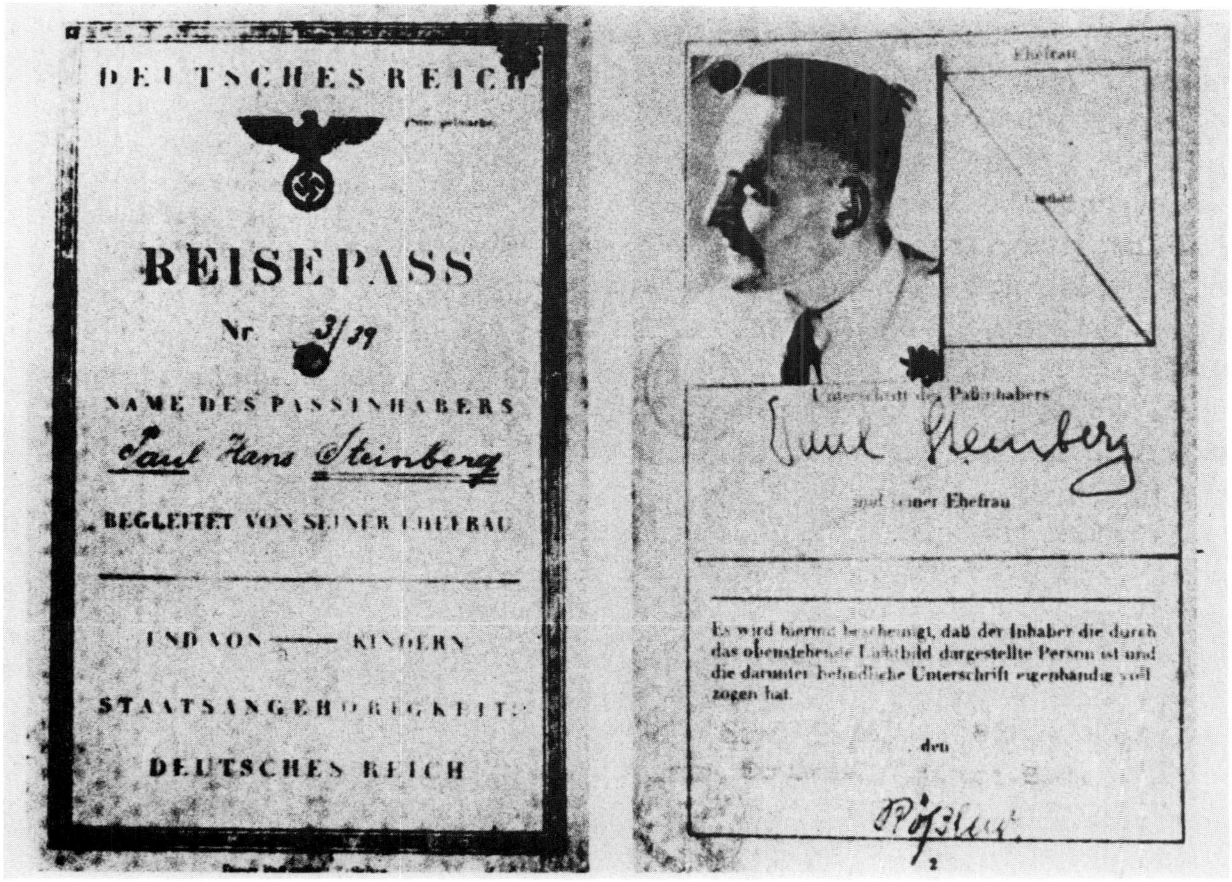

40 *Der Reisepaß des Dr. Paul Steinberg alias Paul Thümmel.*

bis sie schließlich zum sogenannten «Sturmmikrophon» kamen, das normalerweise nur benutzt wurde, um die örtliche Hörerschaft über den durch Sturm verursachten Ausfall eines Senders zu informieren. Schnell zog Naujocks das in Polnisch abgefaßte Manuskript hervor und reichte es einem seiner Männer, der diese Sprache beherrschte. Untermalt von Pistolenschüssen und Rufen in polnischer Sprache, verlas der Agent das Manuskript, wozu er ganze vier Minuten benötigte. Dann verließen alle wieder hastig das Gebäude, auf dessen Außentreppe zwei von Gestapo-Müllers «Konserven» fachgerecht ausgestreckt lagen. Zwei Männer Naujocks' hatten sie inzwischen vom Gestapo-Lkw genommen und dort hingelegt. Ein flüchtiger Blick verschaffte Naujocks Gewißheit darüber, daß die Schußwunden auch tatsächlich realistisch aussahen.

Mehr Zeit aber, um über Heydrichs Einfallsreichtum zu staunen, ließ sich Naujocks nicht. Jetzt galt es nur noch, das eigene Leben zu retten. Weit auseinandergezogen und jeder für sich, liefen die Männer des Kommandos hinunter zu dem wartenden Lastwagen. Naujocks, der sie vor sich hertrieb, fragte sich immer wieder, wieviele von ihnen wohl den kommenden Krieg überleben würden, denn

41 *Alfred Naujocks.*

schließlich wußte er andeutungsweise um die Dinge, die bevorstanden.*
Am folgenden Morgen, dem 1. September 1939, schockierte der «Völkische Beobachter», Hitlers «Hauptblatt der nationalsozialistischen Bewegung Großdeutschlands», die Nation mit der Schlagzeile: «Polnische Partisanen überschreiten die deutsche Grenze!» Dann erklärte er, daß das «Verbrechen von Gleiwitz» zweifelsfrei «das Signal zum Großangriff polnischer Freischärler auf deutsches Gebiet» sei. Wenige Stunden darauf folgte Hitlers Kriegserklärung an Polen, die er im Reichstag abgab, wobei er allein für die Stunden der vergangenen Nacht die Polen vierzehn provozierter Grenzzwischenfälle beschuldigte. Unterdessen verständigte Göring den schwedischen Vermittler darüber, daß Anlaß zum Krieg ein Überfall der Polen auf den Rundfunksender in Gleiwitz sei.

* Naujocks konnte sich im Oktober 1944 zu den Amerikanern absetzen. Danach arbeitete er für die Alliierten, bis er bei ihnen in Ungnade fiel und festgenommen wurde. Seine letzten Lebensjahre verbrachte er als Rausschmeißer in St. Pauli.

> «Berlin 1. September. Es handelt sich um einen ‹Gegenangriff›. In den Morgenstunden dieses Tages rückte Hitler gegen Polen vor. Dabei ist es ein offener, unbegründeter und unprovozierter Akt der Aggression. Hitler und das Oberkommando aber sprechen von einem ‹Gegenangriff›.
> *William Shirer*
> Berliner Tagebuch

Aus allen Teilen der Welt eilten Presseleute an den «Ort des Verbrechens». Hier erlebten sie Gestapo-Müller und den Chef der deutschen Kriminalpolizei Nebe, der 1944 selbst nach dem mißlungenen Attentat auf Hitler zum Gejagten wurde, als Mitglieder der «Mordkommission», die die Untersuchung des Zwischenfalls vorzunehmen hatten und den aufmerksam lauschenden Presseleuten an Hand eines genauen Modells den mutmaßlichen Verlauf der Aktion erläuterten.

> «... Gegen 20 Uhr wurde der Sender Gleiwitz durch einen Trupp polnischer Aufständischer überfallen und vorübergehend besetzt. Die Aufständischen wurden durch deutsche Grenzpolizeibeamte vertrieben. Bei der Abwehr wurde ein Aufständischer tödlich verletzt...»
> *Deutsche Polizeimeldung*
> vom 31. August 1939

Der Initiator der gesamten Aktion aber, Reinhard Heydrich, hielt sich im Hintergrund, nickte nur hin und wieder und beteuerte in einem fort: «Ja, ja! So hat der Krieg begonnen.»
Der «Krieg im Schatten» aber mit Erpressung, Brutalität und gekauften Verrätern war beendet. Er war abgelöst vom heißen Krieg.

> «Was sagen Sie nun? Das ist das Ende Deutschlands.»
> *Admiral Canaris*
> zu Konsul Gisevius, 31.8.1939

Mobilmachung

La Mobilisation!... Mobilmachung!... Mobilization! Dieses alarmierende Wort schien in diesem Jahr universell zu sein. Vom Ural bis zum Atlantik wurden die jungen Männer Europas zu den Fahnen gerufen und kleideten sich in feldgraue, khakifarbene oder blaue Uniformen, um den Gefahren einer ungewissen Zukunft entgegenzutreten.
In Frankreich hatte die Mobilisation bereits im April eingesetzt. An allen öffentlichen Gebäuden erschienen plötzlich die gefürchteten «Affiches blanches», und besorgte Mütter und Frauen sammelten sich in Trauben davor, um mit ängstlichem Blick nachzuschauen, ob vielleicht auch die Nummern ihrer Söhne oder Ehemänner diesmal aufgerufen waren. Denn jeder körperlich gesunde Mann zwischen 20 und 49 Jahren mußte mit der Einberufung in die Armee rechnen. Von dem Augenblick an, in dem die Nummer des Betreffenden in den «Affiches blanches» zur Kenntnis gebracht worden war, hörte er auf, ein Zivilist zu sein. «Immédiatement et sans délai»* mußte er sich zum Dienst melden.

> «La mobilisation n'est pas la guerre.»**
> *Französische Redewendung* 1939

Noch am gleichen Tag verließ der Mann seine Familie und trat in die Armee ein, woraufhin er meist an die Maginot-Linie geschickt wurde. Viele dieser Männer verabschiedeten sich noch in ihren Wohnungen von der Familie, um nicht auf den Bahnhöfen die Schar der schweren Herzens Abschied Nehmenden noch zu vergrößern. Die Moral der Soldaten in den abfahrenden Truppenzügen mußte einem zufälligen Beobachter als gut erscheinen, denn wiederum glaubten einige, daß es sich erneut um einen «blinden Alarm» handelte. Andere hingegen waren der festen Überzeugung, daß, sollte es wirklich zu einem Krieg kommen, ein Sieg außer Frage stand. Hatte nicht Frankreich die beste Armee in Europa?

> «Ich verbrachte die Nacht auf einem gut gesicherten Posten der Maginotlinie an den Ufern des Rheins. Am jenseitigen Ufer stand in der Sonne ein junger Deutscher mit nacktem Oberkörper und wusch sich. Ich fragte den französischen Wachposten, ob er zu gegebener Zeit bereit sei, auf diesen jungen Deutschen zu schießen. Meine Frage schien ihn zu überraschen, da sie ihm wohl ziemlich blutrünstig vorkam. ‹Die sind nicht schlechtere Menschen als wir›, gab er zur Antwort. ‹Außerdem – wenn wir schießen, schießen die zurück!›»
> *Gordon Waterfield*
> beim Besuch der Maginotlinie Ende August 1939

Viele der Einberufenen aber konnten sich nicht von der Sorge freimachen, wie es wohl in Zukunft ihren Frauen und Geschäften ergehen würde; denn die Abreise geschah oft so hastig, daß nur wenig Zeit verblieb, alle erforderlichen Angelegenheiten zu regeln. Natürlich war man unzufrieden mit der finanziellen Unterstützung der nun ohne Ernährer dastehenden Familien. Diese wohnten zwar mietfrei, doch erhielt beispielsweise eine Mutter mit zwei Kindern auf dem Lande einen täglichen Betrag von nur 16 Francs und in der Metropole Paris 21 Francs. Dabei kostete in landwirtschaftlichen Gebieten wie der Normandie ein Ei 5 Centimes, ein Pfund Butter 11 Francs und ein halber Liter Milch 3,75 Francs. Noch war das Geld stabil.
Im ersten Monat des Erscheinens dieser weißen Anschläge war eine runde Million junger Männer zu den Waffen gerufen worden, und in Frankreich ging die Redewendung: «Le français se fait rare», «Franzosen werden knapp». Ein Zug zur Sparsam-

* Umgehend und ohne jede Verzögerung
** Mobilmachung ist kein Krieg

42 *Bereitstehende französische Panzerkampfwagen.*

43 *«Rappel immédiat!» Die gefürchteten «Affiches blanches» rufen die Franzosen zu den Waffen.*

keit machte sich nach und nach bemerkbar. Wenn auch an Lebensmitteln und Kleidung kein Mangel bestand, so gingen die Menschen doch bereits sorgfältiger mit dem Geld um. Die Einberufungen brachten so nicht nur gedrückte Stimmung in das Privatleben der Menschen, sondern ebenso einige Verwirrung und Ratlosigkeit in viele Handels- und Verwaltungsbüros.

> «In Paris lief die Mobilisierung bereits auf vollen Touren. Es schien nach dem, was diesen Tagen vorausgegangen war, lediglich eine Wiederholung des bereits Dagewesenen zu sein. Keinerlei Begeisterung, aber auch keine Proteste. Höchstens eine kaum spürbare Resignation vor dem Unabwendbaren, für uns aber durchdrungen von den oft sehr unterschiedlichen Ansichten über das, was hätte sein können.»
>
> *Hauptmann André Beaufre*
> später General, im August 1939

Umbesetzungen in den Stäben der Firmen und Behörden, die nun an der Tagesordnung waren, schafften nicht selten Verwirrung. Die Vorliebe der Franzosen für Bürokratie war Anlaß dafür, daß sie von allen noch so unwichtigen Schreiben immer mehr als nur eine Durchschrift verlangten. Verluste oder Fehlleitungen dieser Kopien ließen oft in Beamten den beängstigenden Verdacht aufsteigen, als seien Agenten der Fünften Kolonne vor ihren Augen am Werk.

> «Les Anglais se feront tuer jusqu'au dernier français.»*
>
> *NS-Flüsterpropaganda* unter den französischen Soldaten im August 1939

Als sich schließlich der August seinem Ende zuneigte, lauschten die Soldaten in den Betonbunkern der Maginotlinie, oft nur meterweit von deutschen Soldaten in den Anlagen des Westwalls

* Die Engländer werden bis zum letzten Franzosen kämpfen.

44 *Mit Maultieren wird auf französischer Seite Holz zum Bau von Stellungen nach vorn gebracht.*

entfernt, sehnsüchtig jenem von Tina Rossi gesungenen Hit dieses Sommers: «J'attendrai!» Warten! Doch auf was?

*

Allerorts in Europa wurde mobilgemacht, nur nicht in Polen! Denn, so Frankreich und England, eine Generalmobilmachung in diesem Land hätte von den Deutschen wiederum als ernsthafte Provokation aufgefaßt werden können. Als dann Polen schließlich am 30. August doch zur Tat schritt, war es bereits zu spät. Nur ein Viertel seiner verfügbaren Truppen konnte im anlaufenden Kriegsgeschehen eingesetzt werden, womit der Kampf praktisch bereits verloren war.

«In Amsterdam befanden wir uns im vollen Getümmel der Mobilmachung. Der Flugplatz lag voll junger Reservisten in ihren Tschakos. Auf den Straßen der Stadt sahen sich die Tausende von Radfahrern plötzlich von allen erdenklichen Kombinationen von Militär- und Zivilkleidung umgeben.»
General Beaufre

Obwohl die Polen also erst sehr spät ihr Heer zusammenriefen, war die deutsche Presse voll von Berichten über die polnische Mobilmachung, die doch in Wirklichkeit noch nicht stattgefunden hatte. Vollends übergangen aber wurden die Mobil-

45 *Panzergraben und Bunker der 1929–32 für 2,9 Milliarden Franc errichteten Maginot-Linie. Der Verteidigungsgürtel an der deutsch-französischen Grenze reichte von Longwy bis Basel.*

«Plötzlich hörte ich ein lautes Hämmern gegen die Haustür. Noch schlaftrunken stieg ich aus dem Bett und öffnete. Ein ungeduldiger Polizist stand am Hauseingang und hielt ein rotes Papier in der Hand, eine geheime Mobilmachungsorder. Ich sollte Warschau innerhalb von vier Stunden verlassen und mich zu meinem Regiment begeben. ‹Du kommst schon nicht nach Sibirien›, tröstete mich meine Stiefschwester, ‹in einem Monat bist du wieder hier!›
Ich sah keinerlei Anlaß zu Besorgnis, sondern rechnete insgeheim sogar damit, daß es wohl eine recht lustige Zeit werden könnte. Schließlich lag mein Standort Oswiecim inmitten eines ausgedehnten Flachlandes, wo ich mich als Pferdenarr bereits im Geist als stolzer Armeereiter herumgaloppieren sah. Ich packte meine besten Lackschuhe sorgfältig ein und kam mir vor, als sei ich auf dem Weg zu einer eleganten Militärparade.»

Leutnant Jan Karski
August 1939

machungsvorbereitungen der deutschen Armee, die vor diesem Zeitpunkt eingeleitet worden waren.

«Polen im Kriegsfieber. 1500000 Mann mobilisiert. Ununterbrochen Truppentransporte zur Grenze. Chaos in Oberschlesien.»
«Völkischer Beobachter»
Schlagzeilen vom 26.8.1939

*

«Wenn auch am 26. August noch nicht der Krieg unmittelbar begann, so war die psychologische Wirkung der Einberufungen doch so, als ob bereits Krieg wäre... Da war kaum ein Haus, in dem an diesem Morgen nicht ein lieber Angehöriger Adieu sagen mußte; und selbst diejenigen, die vor Tagen noch recht forsch aufgetreten waren, besannen sich nun auf jene andere Seite der Erlebnisse und Berichte aus dem Krieg 1914/18: daß Krieg sehr wohl auch Not und bitteres Sterben bedeute.»
Johannes Nosbüsch
«Bis zum bitteren Ende»

Wie weit spannte sich doch inzwischen bereits der Bogen von jenen immer wieder öffentlich vorgetragenen Friedensbeteuerung Hitlers bis hin zu den entscheidenden Tagen zwischen August und September 1939! Die am 26. August anlaufende «Mobilmachung» konnte jedoch nicht mehr sein als nur das endgültige «Auf die Plätze!» für das deutsche Volk. Jahrelang, von Beginn der Machtübernahme an, liefen alle Vorbereitungen auf kriegerische Auseinandersetzungen mit den Nachbarstaaten Deutschlands hinaus. Was sich bestimmte Kreise der deutschen Großindustrie und Großfinanz schon vor Hitlers Machtergreifung erhofft hatten, kam vollends jetzt auf sie zu: Rüstungsaufträge in ungeahnter Höhe.
Immer wieder wurde auch dem Normalbürger anläßlich des «Winterhilfswerks» Groschen um Groschen aus der Tasche gelockt, um die anstehenden Kosten decken zu helfen. Dabei hatte bereits im Oktober 1933, als das Ausland bereit war, Deutschlands Militärstärke an die bestehende französische anzugleichen und den Ansprüchen des

46 *Ein Panzerwerk der Maginot-Linie.*

47 *Im Inneren der Maginot-Linie.*

48 *Posten vor dem Eingang eines Befestigungswerkes der Maginot-Linie.*

Das Jahr 1935 brachte schließlich die Einführung der allgemeinen Wehrpflicht, womit nun auch dieser Punkt des Versailler Vertrages gebrochen war und auf Anhieb 550000 junge Deutsche den grauen Rock anziehen mußten. Wenige Tage zuvor hatte das Deutsche Reich dem Ausland bereits zu verstehen gegeben, daß man wieder eine Luftwaffe aufgebaut habe. Nach der Einführung der Wehrpflicht am 16. März ließ Hitler die Welt wissen, daß er nunmehr auch seine Flotte auf 35 % der britischen Flottenstärke bringen werde. Die immer wieder beschwörend vorgetragenen Friedensbeteuerungen ließen den Widerstand der Siegermächte des 1. Weltkrieges gegen all diese Maßnahmen bereits nach kurzen wieder verstummen, so daß im Herzen Europas im Laufe weniger Jahre eine gigantische Militärmaschinerie aufgebaut werden konnte, die bislang ohne Beispiel war.

«Wenn wir ehrlich sein wollen, so tat es uns allen im Herzen wohl, daß auch Deutschland sich allmählich im Glanz militärischer Stärke sonnen konnte, was uns seit 1918 verwehrt war. Heute wissen wir, daß man uns damit Sand in die Augen streute, der den Blick für die Zukunft in verhängnisvoller Weise trübte.»
Willi Lorenz, Berlin
damals junger Soldat

«Deutschland wäre ohne weiteres bereit, seine gesamte militärische Einrichtung überhaupt aufzulösen und den kleinen Rest der ihm verbliebenen Waffen zu zerstören, wenn die anliegenden Nationen ebenso restlos das gleiche tun.»
Adolf Hitler
am 14. Oktober 1933

«... Was könnte ich anderes wünschen als Ruhe und Frieden. Wenn man aber sagt, daß dies nur der Wunsch der Führung sei, so muß ich darauf folgende Antwort geben: ... die Völker haben sich noch nie den Krieg gewünscht...»
Adolf Hitler
vor dem Deutschen Reichstag
am 21. Mai 1935

Führers so entgegenzukommen, eine geschätzte Zahl von rund 1,5 Millionen Männern eine zumindest vormilitärische Schulung absolviert. Längst war die Zahl der Reichswehrangehörigen über die vertraglich genehmigten 100000 hinausgegangen, hatte die halbmilitärische SA fast Millionenstärke erreicht, hatte die SS bereits 200000 Mann in ihren Reihen und der Reichsarbeitsdienst eine Viertelmillion Männer zur Verfügung, die nur noch den Spaten gegen das Gewehr zu tauschen brauchten, um auch im Krieg einsatzfähig zu sein.

Groß war auch die Begeisterung bei der Bevölkerung, als im September 1937 das erste Manöver seit dem 1. Weltkrieg im seit 1936 wieder von deutschen Truppen belegten westlichen Teil des Rheinlandes abgehalten wurde. Unmerklich vollzog sich hier die Bereitstellung zu einer militärischen Aktion, die Jahre später stattfinden sollte.

«Ein frohes Ereignis war für Malberg und die Umgebung das Divisionsmanöver der 34. Division im September 1937. Zum erstenmal seit dem Kriege war wieder Einquartierung hier... Die Truppen wurden überall herzlich aufgenommen und reichlich verpflegt. Wer sich in diesen Tagen freimachen konnte, begleitete die Truppen ins Manövergelände. Besonders hatten die alten Soldaten und die Kinder große Freude.»

Ortschronik von Malberg
(Westeifel)

Immer wieder aber wurden Bedenken gegenüber dem letzten Ziel solcher Maßnahmen durch politische Willensbekundungen und Vertragsabschlüsse mit Nachbarstaaten verdrängt, die das friedliche Zusammenleben der Nationen zur Absicht erklärten. So trug auch der Abschluß des deutsch-sowjetischen Nichtangriffspaktes am 23. August 1939 diesen beruhigenden Deckmantel, unter dessen Schutz die letzten Maßnahmen zur Kriegsvorbereitung getroffen wurden.

«So war es am letzten, noch wirklich der Friedenszeit zugehörigen Sonntag, dem 20. August 1939, in Mettendorf (Eifel) ein Feuerwehrfest, das junges Volk von nah und fern ins Festzelt gelockt hatte. Der offizielle Teil begann – durchaus im Stil der Zeit – mit dem Badenweiler Marsch; hernach tanzte man Walzer und Rheinländer... Wie hier hatten auch andernorts viele junge Männer an diesem Sonntag das letzte unbeschwerte Fest ihres Lebens gefeiert... Bedenkt man ihr Schicksal, so möchte man ihre Fröhlichkeit in den letzten Wochen vor Kriegsbeginn mit den Versen des Ersten Jägers in Schillers ‹Wallensteins Lager› kommentieren, der da ‹reitet dem Schicksal entgegen keck/Trifft's heute nicht, so trifft es doch morgen/Und trifft es morgen, so lasset uns heut/Noch schlürfen die Neige der köstlichen Zeit›.»

Johannes Nosbüsch
«Bis zum bitteren Ende»

Und dennoch machte sich rein gefühlsmäßig so etwas wie Weltuntergangsstimmung in den Herzen

49 *Galt für die Franzosen als unüberwindlich.*

50 *Bomben für einen Krieg, den man nicht will. Mit Hilfe eines Krans werden in einer französischen Munitionsfabrik Bomben gestapelt.*

51 *Man sucht nicht den Krieg in Frankreich. Doch sollte er nicht zu vermeiden sein, gilt es, sich rechtzeitig darauf vorzubereiten, so wie auf diesem Foto durch die Herstellung von Gasschutzmänteln.*

52 *Besuch beim Verbündeten: französische Soldaten beim Vorbeimarsch an einem polnischen General anläßlich dessen Besichtigungsreise in Frankreich.*

«Für mich sind die vier letzten Jahre vor Kriegsbeginn durch sehr unterschiedliche persönliche Erlebnisse gekennzeichnet: 1936 Heirat, 1937 Hausbau, 1938 Geburt meines einzigen Sohnes, 1939 Einberufung. Mitten in der Nacht weckte mich unser Bürgermeister Nikolaus Mayer durch Rufen und Klopfen aus dem Schlaf und bedauerte, mir den Einrückungsbefehl übergeben zu müssen. Wie für jeden anderen Betroffenen auch, war für mich in dieser Nacht des 26. August mit einem Mal klar, daß die Zukunft ungewiß geworden war.»

Willi Zerfaß Daun (Eifel)
damals im Arbeitsdienst

54 *Dieses am 1. Juni 1936 aufgenommene Bild von Polens «Dicker Berta» ist eines der letzten Fotos von den verstärkten Kriegsvorbereitungen Polens. Diese Kanone mit einer Reichweite von rund 80 km und viele ähnliche Waffen wurden in der folgenden Zeit an die deutsche Grenze verlegt. Auffallend der Overall und das Barett des polnischen Soldaten, die an die Panzerbesatzungen der Briten erinnern.* ▷

53 *«Na, dann Prosit, Herr Generaldirektor, auf ein glückliches neues Spiel!» Hitler als Schachfigur im Spiel der Großindustrie.*

vieler breit, eine dunkle Vorahnung schlimmer Ereignisse, die auch nicht vor noch so vielen großen Reden und öffentlichen Beteuerungen weichen wollte. Am ehesten ahnte vielleicht die Jugend das Schreckliche ihrer Zukunft und gab sich den kleinen Freuden des Lebens hin, solange sich dazu Gelegenheit bot.
Und dann kam er – schneller als erwartet, der Tag der Einberufung, der 26. August 1939. In kleineren Gemeinden stellten die Bürgermeister noch zu nächtlicher Stunde die entsprechenden Befehle zu – eine Aufgabe, um die wohl niemand im Ort sie beneidete, da man sich persönlich doch sehr gut kannte. Selbst Jahrgänge, die bislang noch nicht uniformiert worden waren, so 1899 und 1900, mußten einrücken und zum Teil in Zivilkleidung als Arbeitseinsatzgruppen antreten.
Noch war kein Krieg ausgebrochen, doch immerhin bewog die «gespannte politische Lage» die Parteiführung, den geplanten Reichsparteitag bis auf

55 *Noch ist es kein Krieg mit Waffen, doch sie stehen sich – wie hier am Oberrhein – bereits gegenüber, beiderseits Selbstsicherheit und das Gefühl von Überlegenheit einander vor Augen haltend.*

weiteres zu verschieben. Dieser Begründung entsprach durchaus auch die Stimmung in der Bevölkerung, die plötzlich von Vätern, Söhnen und Brüdern ungewissen Abschied nehmen mußte. Mögen hier und dort auch noch der Glaube an die Unüberwindlichkeit des hinter dem Führer geeinten Volkes und die bislang erreichten Fortschritte wirtschaftlicher und politischer Natur die Zuversicht aufrechterhalten haben, so schlich sich weithin

56 *«Drôle de Guerre» am Oberrhein: «Das deutsche Volk wird das französische Volk nicht angreifen, wenn die Franzosen nicht die Deutschen angreifen!»*

doch Furcht ein. Denn Mobilmachung, selbst wenn sie nur Abschluß einer jahrelangen Vorbereitung gewesen sein mag, schloß die Möglichkeit eines tödlichen Waffenganges nicht mehr aus.

«Jedenfalls wurde an diesem Tag in unseren Gemeinden geweint wie seit Menschengedenken nicht mehr; die morgendlichen Messen waren von tieftraurigen Besuchern überfüllt, und der vormittägliche Unterricht in der Schule verdiente vielerorts diesen Namen nicht mehr. Kinder, deren Vater sie vor wenigen Stunden hatte verlassen müssen, schluchzten still vor sich hin, und es war wie eine unheilschwangere Erhellung der Situation, als ein betagter Lehrer in einem kleinen Pfarrdorf der Westeifel seinen verstörten Kindern erklärte: ‹Ja, das scheint eine Mobilmachung zu sein.› Dann tat er das einzige Richtige, indem er die Klasse vorzeitig nach Hause schickte...»
Johannes Nosbüsch
«Bis zum bitteren Ende»

«Der Befehl zur allgemeinen Mobilmachung überschnitt sich fast mit den Garantieerklärungen Großbritanniens und Frankreichs an Polen: Reservisten wurden einberufen, Fahrzeuge und Truppen in Marsch gesetzt und Munition ausgeteilt. Wir luden unsere Panzer und Lastwagen auf Eisenbahnwaggons und machten uns auf die drei Tage währende Fahrt nach Paprad in der Slowakei, rund 15 Kilometer vor der polnischen Grenze. Einige von uns kundschafteten das Grenzgebiet näher aus, und nach dem dritten Tage erhielten wir den Befehl, noch in der Nacht aufzubrechen. Bei Morgengrauen überschritten wir die Grenze nach Polen...»
Leutnant Baron Tassilo von Bogenhardt

*

Den ganzen August über waren auch in Großbritannien die Stellungsbefehle an Hunderttausende von Reservisten hinausgegangen. Bereits im Mai hatte man damit begonnen, ohne daß bis zum gegenwärtigen Zeitpunkt diese Maßnahme besonders ins Gewicht gefallen wäre. Am Morgen des 31. August aber wurde eine Maßnahme angeord-

57 *Der deutsche Grenzstreifen am «Westwall» ist geräumt. Bekanntmachungen erinnern jedoch eindringlich daran, daß der Schutz des Besitzes der Bevölkerung gewährleistet wird.*

58 *Nach Wiedereinführung der allgemeinen Wehrpflicht im März 1935 werden im Oktober neue Rekruten beim Regiment «General Göring» vereidigt.*

59 *Generaladmiral Raeder (links neben Hitler) und Generalfeldmarschall von Blomberg begleiten den «Führer», als er dem Stapellauf des Schlachtschiffes «Scharnhorst» in Wilhelmshaven beiwohnt.*

net, die die Zivilisten selbst betraf. Es war der für den kommenden Tag angesetzte Beginn der Evakuierung. Vier Stunden nach dieser Ankündigung, um 15 Uhr des gleichen Tages, wurde bekanntgegeben, daß auch die britische Kriegsmarine in Alarmbereitschaft versetzt worden sei. Innerhalb von 24 Stunden hatte es den Anschein, als ob die ganze Insel in Bewegung geraten sei, Zivilisten wie Militärs.

Jetzt strömten die Soldaten scharenweise, teils in Uniform, teils in Zivil, zu den noch nicht ganz fertiggestellten Kasernen, erhielten Quartier in Kirchenräumen, Schulen, Privatwohnungen und beschlagnahmten Hotels. Nicht selten wurden sie für achtundvierzig Stunden eingeschlossen, entweder weil die Armeedienststellen Fahnenflucht fürchteten, oder weil ihnen kein anderes Mittel einfiel, die

60 *Bereits beim «Parteitag der Freiheit» im Jahre 1935 demonstrieren aufmarschierende Panzer die wiedererstandene Stärke des Deutschen Reiches.*

61 *Wegweiser zur Westfront im Herbst 1939.*

«Irgend jemand rief meinen Namen. Doch wozu? Wollten sie vielleicht ohne mich zurechtkommen? Der Sergeant erklärte mir, um was es wirklich ging: ‹Gehört der stinkende, alte Wagen da draußen Ihnen?›
‹Ja, Sergeant!›
‹Dann fahren Sie doch den Batteriekommandeur hinüber zum Schießplatz. Das ist für Sie eine besondere Auszeichnung. Ausgerechnet den Batteriekommandeur und mich – den Regimentsführer!›
Sie luden die Ausrüstung in meinen Wagen, und wir fuhren los. Das war zweifellos meine stolzeste Stunde. Im ganzen Verlauf des Krieges kam ich mir nicht so wichtig vor – nie mehr. Um ehrlich zu sein: ich kam mir immer sehr wichtig vor, diesmal aber ganz besonders.»

Ellis
Artillerist 1939

62 *Bereitstehen und wachen! Schwere deutsche Flak an der Oberrheinfront.*

jungen Männer auf andere Weise von der ununterbrochenen Suche nach Zigaretten und Bier abzuhalten. Doch waren kleine Jungen gern bereit, den Nachschub an Glimmstengeln über Kasernenhofmauern zu besorgen und Bier gleich kistenweise zu den Toren zu schaffen.
Die neuen Rekruten waren nicht besonders gut gelitten bei der alten Truppe. Diese war seit dem 1. Weltkrieg nur aus Freiwilligen zusammengesetzt, was bei den Staaten des Kontinents nicht üblich war. Schon bald gab es die ersten Reibereien zwischen den alten Haudegen und den «neuen Kna-

63 *Noch glaubte wohl Erich N. ehrlichen Herzens an die Beteuerungen der Reichsführung, die immer wieder ihre Friedensliebe und das Wohl des deutschen Volkes als Richtschnur ihres Handelns ausgab.*

64 *Die Einstellung vieler junger Deutscher spricht aus diesem Brief von Erich N. vom 7.3.1937, als er u.a. an seine Freundin schreibt: «... Das Wehrbezirkskommando befiehlt, und man muß gehorchen. Trotzdem freut es mich, daß ich wieder einmal den grauen Rock anziehen darf...»*

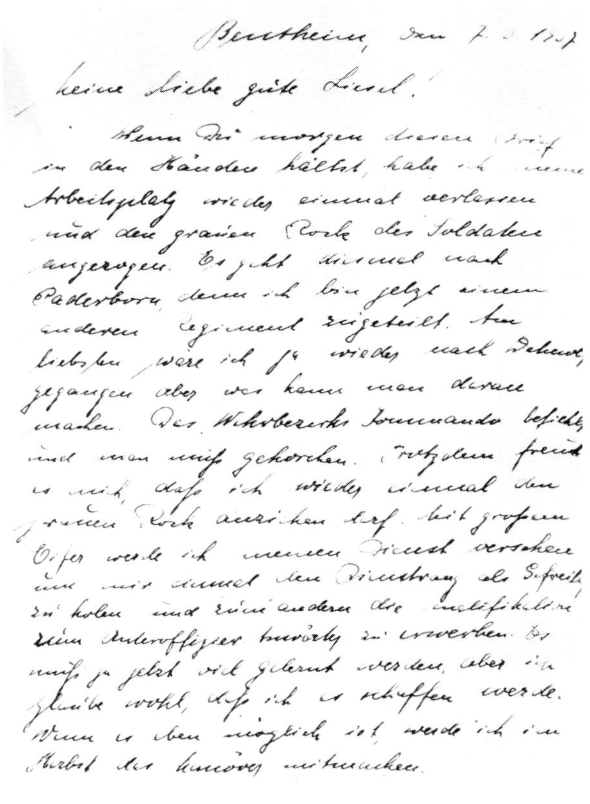

Bentheim, den 7.3.1937

Meine liebe gute Liesel!

Wenn Du morgen diesen Brief in den Händen hältst, habe ich meinen Arbeitsplatz wieder einmal verlassen und den grauen Rock des Soldaten angezogen. Es geht diesmal nach Paderborn, denn ich bin jetzt einem anderen Regiment zugeteilt. Am liebsten wäre ich ja wieder nach [illegible] gegangen aber was kann man daran machen. Das Wehrbezirkskommando befiehlt und man muß gehorchen. Trotzdem freut es mich, daß ich wieder einmal den grauen Rock anziehen darf. Mit großem Eifer werde ich meinen Dienst versehen um mir einmal den Dienstrang als Gefreiter zu holen und zum anderen die Qualifikation zum Unteroffizier [illegible] zu erwerben. Es muß ja jetzt viel gelernt werden, aber ich glaube wohl, daß ich es schaffen werde. Wenn es eben möglich ist, werde ich im Herbst das Manöver mitmachen.

65 *Der Verlauf der Ereignisse im Osten scheint die gelöste Stimmung in einem Bunker des Westwalls zu rechtfertigen. Ob es aber beim Warten bleibt?*

«Zur Mittagszeit befand ich mich in Enfield und suchte nach einem leerstehenden Haus zur Rekrutierung des dortigen Regiments. Schließlich fand ich eins in der London Road. Dummerweise war gerade Samstag, so daß der Hausmeister mit den Schlüsseln nicht anzutreffen war. Als er mir durch Zufall über den Weg lief, schleppte ich ihn im Namen des Königs mit und hatte so am Nachmittag eine Bleibe. Auf die Fensterbank stellte ich einen herzlichen Aufruf an die patriotischen Bürger der Stadt und bat sie, zu den Fahnen zu eilen. Ein Besuch bei der örtlichen Zeitung hatte einen Sonderdruck des Aufrufes zur Folge, der mit ‹Gott schütze den König!› endete und am nächsten Tag, einem Sonntag, in jedem Schaufenster der Stadt prangte, schön in roten, weißen und blauen Lettern. Auch die Kinos zogen mit. Immer wieder wurden die Vorstellungen durch hastig angefertigte Dias mit dem Aufruf unterbrochen, die unverhofft eingeschoben wurden. Blitztelefonate mit verschiedenen Militärdienststellen schafften die erforderlichen Einschreibungsformulare und einen Militärarzt herbei. Morgens um 8 Uhr am Montag saßen wir auf geliehenen Stühlen hinter einem improvisierten Schalter und erwarteten mit einer seltsamen Mischung aus Aufregung und Neugier unseren ersten Rekruten.»

Sir Mortimer Wheeler

ben». Insbesondere deren Offiziere wurden von den höheren Soldaten der regulären Armee als nicht vollwertig angesehen.

66 *Immer noch beteuerte Hitler seine Friedensliebe, als bereits deutsche Luftwaffensoldaten an solchen Simulatoren auf Zielgenauigkeit getrimmt wurden.*

67 *In Höhen bis zu 2500 Meter schweben Luftballons über London, um anfliegende deutsche Maschinen zu irritieren.*

«Der Adjutant teilte uns mit, daß der Hauptmann am Vorabend regelrecht schokkiert war, als er mit ansehen mußte, wie wenig geschickt manche der neuen jungen Offiziere im Umgang mit Bestecken und den verschiedenen Gläsern waren. Wir sollten ihm doch einen Moment Aufmerksamkeit schenken und uns Notizen machen, wenn er uns nun eine Einführung in die Handhabung gäbe. Ohne mit der Wimper zu zucken, nahm der junge Mann an einem Tisch Platz und ließ sich von einem ebenso etikettegewandten Kellner nacheinander ein komplettes imaginäres Menü vorsetzen: Suppe, Fisch, Fleisch, Pudding und Nachspeise. Auch ein Getränkekellner trat auf und tat so, als ob er Sherry, Burgunder, Portwein und Kognak ausschenkte. Irgendwo muß ich die wertvollen Notizen noch haben.»

Leutnant Ralph Arnold
1939

«Erfolge und Mißerfolge unserer alten Kavallerieregimenter in ungezählten Kriegen und der auch in Friedenszeiten ununterbrochen gepflogene Umgang mit dem Pferd, diesem vergleichsweise intelligenten Tier, hatten uns schnelle Auffassungsgabe und Weitblick zur zweiten Natur werden lassen.»

R. Howard-Vyse
Generalmajor

Zuguterletzt wurde schließlich doch Ordnung in das Chaos der Mobilisierung und Evakuierung gebracht und die britische Armee darauf vorbereitet, im Falle des Kriegsausbruchs nach Frankreich

68 *«Die Jugend verlangt internationalen Friedensdienst – nicht Kriegsdienst!» So riefen Demonstranten nach dem 9. Mai 1939 in Großbritannien, als das britische Unterhaus nach der Besetzung Prags ein Gesetz zur beschränkten Wehrpflicht aller Engländer über 20 Jahre angenommen hatte.*

69 *Deutsche Infanterie in einer ostdeutschen Stadt noch vor dem Polenfeldzug 1939.*

übergesetzt zu werden. Viele ihrer Offiziere waren noch mit dem letzten Krieg beschäftigt, manche sogar noch mit dem vorletzten.
Diese Armee, so meinten viele Betrachter, werde höchstens dazu geeignet sein, Kolonialkriege alten Stils zu führen, wie sie es seit Ende des 1. Weltkrieges getan hatte.

Doch geeignet oder nicht – alle vier Divisionen der britischen Expeditionsstreitkräfte machten sich auf den Weg zu den französischen Kanalhäfen, um dem Verbündeten beizustehen. Die ersten Konvois liefen am 7. September aus britischen Häfen aus. Frankreich aber schien nicht übermäßig geneigt, die «Brüder» von der Insel willkommen zu heißen.

«Die britische Armee war im September 1939 völlig außerstande, einen großen Krieg auf dem europäischen Kontinent zu führen. Eine Zeitlang hatte man in Erwägung gezogen, daß die Engländer, sollte erneut ein Krieg gegen Deutschland ausbrechen, zur Verteidigung des Westens lediglich See- und Luftstreitkräfte beisteuern sollten. Wie aber konnte ein Politiker überhaupt auf den Gedanken kommen, daß im Falle eines Weltkrieges die Briten ihre Armee nicht an der Seite der Franzosen in den Kampf schickten!»

Lord Montgomery

«Wir mußten den Eindruck gewinnen, als seien die Franzosen von uns abgefallen. Wir hatten natürlich Willkommensjubel erwartet, freundliche Gesichter und vielleicht sogar Küsse. Dergleichen Dinge hatten wir über den Empfang der ersten britischen Soldaten im Jahre 1914 gelesen.
Möglicherweise war es albern von uns, so etwas zu erwarten, da die Zeiten sich doch geändert hatten. Oder ist dies ein Krieg, in dem niemand einen Anlaß zum Jubel sieht? Vielleicht aber hatten wir auch zufälligerweise nur Pech.
Jedenfalls empfingen uns, als wir um 8 Uhr an einem trüben Morgen in Cherbourg landeten, nicht die erwarteten Menschenmassen. Das ganze ‹Empfangskomitee› bestand aus einem französischen Marinevertreter, einigen alten Marktfrauen, einem Fischer und zwei Polizisten. Selbst die würdigten uns nur eines uninteressierten Blickes und gingen weiter ihren Geschäften nach.
Und dabei hatten einige von uns tatsächlich Küsse erwartet.»

Gun Buster

70 *Szenen, wie sie sich überall in Europa auf den Bahnsteigen abspielten. Mobilmachung in England.*

72 *Militärkolonnen im Marschschritt auch vor der Kulisse der Londoner «Houses of Parliament».*

73 *Polnische Kavallerie – hier bei einem Manöver – wollte gegen deutsche Panzer bestehen.*

Ja, so war es! Und so zog die britische Armee in den Kampf, das Lieblingslied jenes Septembers auf den Lippen, aus dem die ganze überhebliche Fehleinschätzung der Lage sprach:

«Wir werden unsere Wäsche zum Trocknen an der Siegfriedslinie aufhängen.
Mutter, hast du noch schmutzige Wäsche...?»

Fünf bittere Jahre sollten noch ins Land ziehen, ehe die britischen Soldaten dieses Ziel endlich erreichten. Wer aber wußte oder ahnte auch nur zu diesem Zeitpunkt, daß bis dahin fast eine halbe Million von ihnen ihr Leben verlieren würde?

71 *Panzeraufmarsch am «Tag der Wehrmacht» auf dem Reichsparteitag des Jahres 1936.*

ZARAH LEANDER
Heimat
HEINRICH GEORGE · RUTH HELLBERG
GEORG ALEXANDER · PAUL HÖRBIGER
HANS NIELSEN · LEO SLEZAK
FROELICH-FILM
CARL FROELICH
REISE in die Vergangenheit
OLGA TSCHECHOWA · FERDINAND MARIAN · MARGOT HIELSCHER
HANS H. ZERLETT
Ziel in den Wolken
LENY MARENBACH · BRIGITTE HORNEY · ALBERT MATTERSTOCK
WERNER FUETTERER · CHRISTIAN KAYSSLER · VOLKER von COLLANDE · WILLI ROSE
SPIELLEITUNG: WOLFGANG LIEBENEINER
EIN TERRA-FILM
Kameraden auf See
FRED DÖDERLEIN
HEINZ PAUL
TERRA

Die Heimatfront

Schätzungsweise wurden zwischen Ende Juni 1939 und der ersten Septemberwoche dreieinhalb Millionen Menschen allein auf der britischen Insel evakuiert. Schließlich war von diesen Maßnahmen ein Drittel der Gesamtbevölkerung betroffen, als die Septemberereignisse ihren Lauf nahmen.

«Das also nennt man Frühling, Mama? Gibt es das in jedem Jahr hier?»
Evakuiertes Großstadtkind 1939 bei der ersten Begegnung mit dem Land

Weitere zwei Millionen Menschen suchten aus eigenem Entschluß entlegenere und sicherere Plätze der Insel auf, während wiederum andere – etwa 5000 – verängstigte Bürger innerhalb von achtundvierzig Stunden den Hafen Southampton in Richtung Amerika verließen.

«Unaufhörlich schob sich ein Strom von Privatwagen und Taxis durch London. Die Menschen, Männer und Frauen jeden Alters, boten Unsummen für eine Unterkunft. Zwei oder drei Tage lang ergoß sich eine ungeheure Menschenmenge, in Seidenkleider und Nadelstreifenanzüge gekleidet, durch die Stadt. Sie ernährten sich von allem Eßbaren, was angeboten wurde, tranken die Pubs leer und verschwanden dann.»
Constance Fitzgibbon

Die Art der Unterbringung dieser Heimatlosen geschah auf recht unterschiedliche Weise. Meist aber wurden sie auf den Bahnhöfen von Behördenbediensteten in Empfang genommen und in Quartiere eingewiesen, wobei normalerweise jeder die seinem Stand angemessene Bleibe erhielt.

«Möglicherweise werden Kinder Ihre Geduld durch Bettnässen überfordern. Strafen Sie die Kinder nicht hierfür! Sie können dadurch die Lage nur noch verschlimmern!
Informationsschrift für Hausbesitzer, die Flüchtlinge aufnehmen

Mancherorts kamen die Hausbesitzer selbst zu den Bus- und Bahnstationen, um die Flüchtlinge aus den besonders gefährdeten Städten in Augenschein zu nehmen. Kartoffelbauern wählten dann starke junge Männer aus, die bei der Ernte nützlich sein konnten. Vornehme Damen richteten ihre Aufmerksamkeit vor allem auf Mädchen, die zur Verwendung als Küchen- und Hauspersonal geeignet schienen. Und immer wieder gab es ein Gerangel um die besser angezogenen Kinder, da man bei ihnen noch am sichersten sein konnte, keine Flöhe oder Läuse einzufangen.
Natürlich gab es für die ansässige Bevölkerung der Aufnahmegebiete auch manches Ärgernis. Ältere Damen der vornehmen Kreise, denen zum Beispiel weibliche Personen aus den Elendsvierteln der Großstädte zugeteilt worden waren, zeigten sich regelrecht schockiert, wenn diese den ganzen Tag über – was damals noch schief angesehen wurde – ihre Zigaretten rauchten und im nächstgelegenen Gasthaus verschwanden, sobald es öffnete. Der Priester einer streng protestantischen Gemeinde in Wales bat die einquartierten Katholiken inständigst, doch wieder in die Großstadt zurückzugehen. Die dem Seelenheil seiner Schafe drohende Gefahr schien ihm bedeutender als die in den Städten drohende Bombengefahr.
Die Hausbesitzer waren nicht selten entsetzt darüber, daß die Evakuierten auch nicht das Geringste

◁ 74 *Filme der Zeit mit heroischen Kämpfern und nordischen Gestalten, wie sie der «Führer» forderte, und sein Propagandaminister Goebbels drehen ließ.*

75 *Eine Schülergruppe verläßt die britische Hauptstadt zur Evakuierung in Richtung Westen.*

von der Existenz von Messern, Gabeln, warmen Mahlzeiten und Frischgemüse zu wissen schienen. Verständlich, denn so manche Mutter aus den Slums hatte ihren Kindern einfach eine Scheibe Brot mit Margarine in die Hand gedrückt, die dann im Stehen verzehrt wurde. Andere Kinder, so stellte sich heraus, hatten noch nie in einem Bett geschlafen. Statt dessen mußten sie unter den Betten ihrer Eltern übernachten.

Doch die Scharen der Evakuierten und ihr oft mißfällig betrachtetes Verhalten blieben nicht die einzigen Auswirkungen der politischen Ereignisse jener Wochen, denen sich die Bevölkerung gegenübersah. Überall tauchten Anzeichen passiver Verteidigung auf, als erstes die Verdunklungsanordnung. Sie wurde in England mit letzter Konsequenz durchgeführt. Personen, die nach Einbruch der

> «Der Hauswart rief der jungen Frau zu: ‹Mutti! Herunter mit der Verdunklung! Sieh dir nur an, was du alles zeigst!›»
> *Britischer Verdunklungswitz* 1939

Dunkelheit auf der Straße auch nur ein Streichholz entzündeten, wurden mit einem Monat Gefängnis bestraft.

Ein Geistlicher, der von einem Polizisten mangelhafter Verdunklung beschuldigt wurde, fuhr den Beamten an: «Scheren Sie sich weg, Sie brutaler Lump!» Drei Pfund, den Gegenwert eines Wochenlohnes jener Zeit, kostete dieser Temperamentsausbruch den Mann Gottes.

So waren im Monat September 1939 die Briten völlig ohne Straßenbeleuchtung, ohne Licht in den Eisenbahnzügen und nur mit dem geringstmöglichen Licht an ihren Autos. Kein Wunder, daß sich die Verkehrsunfälle nach Einbruch der Dunkelheit gewaltig häuften.

Noch furchterregender aber und zugleich unheilverkündender waren andere Maßnahmen «passiven Widerstandes», die im September eingeführt wurden. Die Abdeckungen der Briefkästen erhielten einen gelblichen Anstrich, der sich unter Einwirkung von Giftgast verfärbte. Erwachsenen wurde es zur Pflicht gemacht, immer und überall ihre Gasmasken mit sich zu führen. Kinder, die ohne Gasmaske zur Schule erschienen, wurden nach Hause geschickt. Zwei Unterrichtsstunden wöchentlich wurden bei aufgesetzten Masken gehalten. Kleinkinder erhielten «Micky-Maus»-Masken aus rotem und hellem Gummi. Selbst Babies wurden in diese Schutzmaßnahmen mit einbezogen. Für sie gab es Helmmasken, die aufgeblasen wurden, so daß die Säuglinge wie kleine Tiefseetaucher aussahen.

Zu Tausenden legten sich die Gemeinden Vorräte an Papiersärgen an, dazu Zelte und Metallbetten, um sie gegebenenfalls für die Tausende von Opfern bereitzuhaben, wenn die Deutschen ihre Bombenangriffe gegen England flogen.

Nur ein einziges Kino in ganz Großbritannien gab am 4. September eine Vorstellung. Ansonsten waren allerorts die Filmtheater, Vergnügungslokale, Tanzsäle und Hotels wegen der aus der Luft drohenden Gefahr geschlossen.

Doch nach und nach kehrte wieder Leben ein, viele Lokale öffneten, und auch Fußballspiele fanden wieder statt. Die Anzahl der zugelassenen Zuschauer allerdings war durch Gesetze begrenzt. Die Abendstunden noch zu einem Spaziergang zu nutzen, schien den meisten dennoch zu riskant, so daß sie sich in der Regel die Zeit mit Rundfunkhören vertrieben. Die Unterhaltungsprogramme der

Sender waren vor allem durch Lustspiele und populäre Lieder geprägt, wie etwa folgende: «Küß mich zur Nacht, Spieß!», «Den Mond können sie nicht verdunkeln» oder «Bitte, laß meine Butter in Ruhe!»

> «Als Ihren persönlichen Beitrag zur Einsparung von Heizmaterial sollten Sie die Badewanne nicht höher als etwa 12 Zentimeter hoch mit Wasser füllen!»
> *Amtlicher Aushang* in englischen Hotels, September 1939

Was das letztgenannte Lied anbetraf, brauchte man sich wegen des dort angesprochenen Inhalts zu diesem Zeitpunkt noch keine große Sorgen zu machen. Noch waren keine Rationierungsmaßnahmen angeordnet. Zwar hatten die Menschen Ende August und Anfang September Unmengen an Mehl, Zucker, Schokolade u.a. gehamstert, doch erst nach weiteren drei Monaten sollte die Rationierung eingeführt werden. Etwa 100g Speck und Schinken, 100g Butter und 300g Zucker wurden dabei jeder Person zugeteilt. Wohlhabendere Leute jedoch konnten, da noch genügend Margarine vorhanden war, Butter in jeder gewünschten Menge von ihren ärmeren Freunden und Bekannten kaufen – ohne Preisunterschied!

> «Jetzt erlaubten die Behörden auch Lieder und Witze über Hitler. 1936 und erneut 1938 war das Lied ‹Auch Hitler hatte eine Mutter› streng verboten worden. Jetzt aber, da es erlaubt war, wollte es niemand hören.»
> *E. Turner*

> «Es wird empfohlen, das Brot mit der butterbestrichenen Seite nach unten zu verzehren. Auf diese Weise kommt die Butter unmittelbar mit der Zunge in Berührung, und sie gerade ist ja das Geschmacksorgan. So reicht bereits eine kleinere Menge Butter aus.»
> *«The Times»*

76 *Im Preis reduzierte Sonderfahrten in die Evakuierungsgebiete der britischen Insel sollten Eltern die Möglichkeit bieten, ihre Kinder öfter zu besuchen und so dem Heimweh entgegenzuwirken. Erwartungsvoll halten die Kinder nach ihren Eltern Ausschau.*

Wie wenig angespannt im September noch die Lebensmittelversorgung in Großbritannien war, wird deutlich, wenn man die Speisekarte des «Yorkshire Conservative Club» durchgeht: Grapefruit-Cocktail, klare Schildkrötensuppe oder Geflügelcremesuppe, Seezunge, Hammelbraten, Bratkartoffeln, Rosenkohl, Orangenlimonade, Fasan, Eis, Pudding, Rebhuhn, Nachtisch und Kaffee. Nicht schlecht für Kriegszeiten!

> «The fishermen are saving lives
> By sweeping seas for mines.
> So you'll not grumble, ‹what no fish?›
> When you have read these lines.»*
> *Veröffentlichung* des Ernährungsministeriums

* Die Fischer retten augenblicklich Menschenleben, indem sie das Meer nach Minen absuchen.
Beschweren Sie sich, wenn Sie diese Zeilen gelesen haben, also bitte nicht, wenn es keinen Fisch gibt!

Dennoch saßen, wenn auch im Augenblick noch ausreichend Lebensmittel vorhanden waren, viele Beamte über Plänen für Notzeiten, denn Großbritannien war aufgrund seiner Insellage vielmehr auf leicht zu unterbindende Einfuhren angewiesen als etwa Deutschland.
Journalisten waren eifrig dabei, die Leserschaft dazu zu bewegen, alles was nur irgendwie eßbar war, auch wenn es wild wuchs, zu verzehren. Brennesseln, Löwenzahn, Seetang und Farn wurden als Ersatzleckerbissen für fehlende andere Nahrung angepriesen. Ein sechzigjähriger ehemaliger Bauer zog aus, um die Menschen zum Verzehr von Gras, frisch oder als Heu, zu animieren. J. Branson gab an, getrocknetes Gras, mit anderen Zutaten vermischt, ergebe «ein äußerst wohlschmeckendes Mahl, durchzogen von Aroma und Geschmack frischgemähten Heus». Dieser Diät, so Mr. Branson, habe er es zu verdanken, daß er sich so munter fühle «wie ein Heuspringer zur Erntezeit». Um zu demonstrieren, wie nahrhaft seine Kost sei, radelte er etwa 400 Kilometer weit von London nach Glasgow, wobei er sich durch 1 Pfund Gras, ein halbes Pfund Traubenzucker, einen halben Liter Essig, dazu Blätter, Seetang und anderes, was er am Wege fand, bei Kräften hielt. Den Rückweg, so bat er die Öffentlichkeit, solle ein halb so alter Soldat gemeinsam mit ihm zurücklegen. Doch nirgendwo meldete sich ein Freiwilliger, der zu diesem Wettstreit mit ihm bereit gewesen wäre.

«Ginsterwein, drei Monate lang gereift, schmeckt wie Champagner!»
Vicomte de Mauduit
in «Das können sie nicht rationieren»
September 1939

*

Die Stimmung in den großen Nationen Europas war während des gesamten folgenden Kriegsverlaufs recht unterschiedlich. Drei Jahre lang, in denen eine Niederlage die andere ablöste, bis schließlich El Alamain 1942 den ersten Sieg brachte, schien das englische Volk immer kriegsentschlossener zu werden. Der Glaube an den Endsieg war durch nichts zu erschüttern.

Anders in Deutschland. Drei Jahre hindurch war die Bevölkerung mit Siegesmeldungen überschüttet worden. Eine Siegesparade reihte sich an die andere: Polen, Frankreich, Griechenland, Jugoslawien etc. etc. Deutschlands Menschen jubelten im sicheren Gefühl der Unbesiegbarkeit – ausgenommen jene Tausende, dann Hunderttausende, dann Millionen, die den Vater, den Bruder, den Gatten, den Sohn oder den Geliebten im «Kampf für Führer, Volk und Vaterland» verloren hatten; und ausgenommen jene, die politische Diktatur und unmenschlicher Rassenwahn verfolgten, verhafteten, peinigten und ausrotteten; ausgenommen jene Hunderttausende Deutscher, die auch das Schicksal erlitten, das Hitler und sein gnadenloser Apparat Millionen Europäern jenseits der Reichsgrenzen bereiteten. Spätestens das Jahr 1942 brachte die Wende der allgemeinen Stimmung, als sich das Unternehmen «Barbarossa» mit der Invasion Rußlands als ein Fehlschlag erwies.
Wiederum anders stellten sich die Verhältnisse in Frankreich dar. Eine beachtliche Minderheit, vor allem Veteranen des Krieges 1914–1918, glaubten an einen Sieg, «weil wir stärker sind». Die große Masse aber wollte von Krieg nichts wissen und konnte einfach nicht glauben, daß es tatsächlich wieder soweit war. Schließlich hatte jeder ganz persönliche Alltagssorgen, Probleme und Hoffnungen genug.

«Frankreich erwartet Sie. Kommen Sie nach Frankreich Ihrer Gesundheit und Erholung zuliebe. Casinos wieder geöffnet... Großwildjagd zu kleinen Preisen in Französisch-Afrika. Verbilligte Preise für Angehörige der britischen Streitkräfte.»
Französisches Fremdenverkehrsamt

Die Franzosen wurden von Rationierungen der Lebensmittel nicht sehr betroffen. Ihr Land war vorwiegend landwirtschaftlich ausgerichtet, so daß Lebensmittel, obwohl die Preise jäh anstiegen, ausreichend zur Verfügung standen. Die Evakuierungspläne für die Hauptstadt waren bei weitem nicht so umfassend wie diejenigen für London. Erst als der Krieg ausbrach, verließen viele begüterte Bürger die dichtbesiedelten Zentren des Landes aus Furcht vor deutschen Bombenangriffen. Die einzigen Franzosen, die wirklich evakuiert blieben, waren die Menschen des Raumes Lothringen und Ardennen, die durch die Ereignisse der ersten Septemberwochen aufgeschreckt worden waren.

«Ich speiste mit dem Korrespondenten einer italienischen Nachrichtenagentur in einem allseits bekannten Pariser Restaurant. Es war zufällig ein Tag, an dem es durch Gesetz verboten war, Alkohol auszuschenken. Doch wir bekamen ohne weiteres Gin vor und Kognak nach dem Essen. Der Italiener war völlig verdutzt und erkundigte sich bei dem Besitzer nach den Gründen. Der meinte, ein Gesetz sei nun einmal da, um hin und wieder gebrochen zu werden. Mein Kollege war von dieser Disziplinlosigkeit regelrecht schokkiert...
Zunächst deutete ich sein Gehabe als faschistische Besserwisserei. Bei meinem zweiten Gedanken aber mußte auch ich mich fragen, ob sich eine Nation den verlockenden Luxus des Ungehorsams in einem Krieg leisten kann, wenn es gegen einen so disziplinierten Feind wie Deutschland geht.»
Gordon Waterfield
Reuter's Correspondent

MINISTRY OF FOOD
LONDON S.W.1

This is the emblem of the Ministry of Food. It is the banner under which you, too, are fighting; helping to defeat the enemy's attempt to starve us out.

Through rationing, price control and other measures, the Ministry of Food sees that all get a fair share of essential foods at fair prices.

But nearly half of our food comes across the sea. The U-boats attack our food ships, and although most arrive safely, some are lost.

Now, here is *your* part in the fight for Victory. When a particular food is not available, cheerfully accept something else — home produced if possible. Keep loyally to the rationing regulations.

Above all — whether you are shopping, cooking or eating — remember "FOOD IS A MUNITION OF WAR. DON'T WASTE IT."

Woolton.
MINISTER OF FOOD

77 *«Nahrung ist eine Kriegswaffe...!» Verlautbarung des britischen Ernährungsministeriums.*

«Das ist der Anfang! Millionen toter Leiber werden die Folge sein!»
Ex-Premierminister Pierre Laval
am 1. September 1939

Nein! Frankreich wollte den Krieg wirklich nicht!

Die Jahre politischer Auseinandersetzungen und die immer wieder mit dem Nachgeben ihrer politischen Führer geendeten Konferenzrunden hatten die Moral der Öffentlichkeit auf einen Tiefpunkt herabsinken lassen. Zudem hatte sich die lautstärkste Gruppe der Arbeiterklasse – die Kommunisten – plötzlich und unerwartet nach dem deutsch-sowjetischen Nichtangriffspakt auf die Seite Hitlers geschlagen.

«Wir sprachen mit vielen Soldaten. Sie waren kriegsmüde, noch bevor er begonnen hatte. Sie waren Bauern, und die Erntezeit stand kurz bevor. Sie wollten ganz einfach nach Hause. Was kümmerten sie Danzig und der Korridor! Sie hatten sich weitgehend der Meinung des Durchschnittsfranzosen angeschlossen, für den Politik nichts als ein einziger Schwindel ist. Um Abgeordneter oder Minister zu werden, bedurfte es nur der Unverfrorenheit, anderen den Bissen – einen möglichst dicken – zu entreißen.»
Arthur Koestler
am 31. August 1939

«Man kann nicht sagen, daß Frankreich im Jahre 1939 zum Krieg entschlossen war – mit dem besten Willen nicht! Das voraufgegangene, politisch sehr unruhige Jahrzehnt hatte im Lande zu Uneinigkeit geführt. Nicht wenige fühlten sich zum Faschismus hingezogen, nahmen die Propaganda Goebbels' bereitwilligst auf und trugen sie hinter vorgehaltener Hand weiter. So waren auch in der französischen Armee die spalterischen Einflüsse von Kommunisten und Faschisten gleichzeitig am Werk.»
Winston Churchill

Kurzum, die Franzosen gingen den Krieg an, wie wenn es ihn überhaupt nicht gäbe. Nun ja, man stand im Krieg – aber was soll's?

«Wer sagt, daß wir diesen Krieg zur Verteidigung der Demokratie, der Freiheit oder eines anderen ‹Ideals› führen, ist ein gefährlicher Lügner. Mich macht dieses dumme Gerede krank. Frankreich kämpft, um seine Haut zu verteidigen – nur seine Haut. Alles andere ist Quatsch.»
Gallus, L'Intransigeant
am 6. September 1939

Auch andere Staaten schickten sich an, «sich ihrer Haut zu erwehren», obwohl sie als neutral galten. Von Holland bis hin zur Schweiz ordneten die kleineren Staaten an der deutschen Westgrenze die Teilmobilisierung an. Auch wenn es militärisch ohne jede Bedeutung war, so machte dennoch die fünfzig Mann starke «Armee» des Großherzogtums Luxemburg mobil. Auch dieses kleine Land bekam die Wirkungen dieses neuen Krieges ebenso zu spüren wie seine größeren Nachbarn Belgien und Holland. Die Gebiete an der deutschen Grenze wurden zu nächtlicher Verdunkelung angehalten, damit nicht die alliierten Bomberverbände, wenn sie ihre deutschen Ziele verfehlten, ihre tödlichen Lasten auf luxemburgisches Gebiet abwarfen, was sich später in der Schweiz tatsächlich ereignen sollte. Der Benzinverbrauch wurde durch Rationierung drastisch eingeschränkt und die Grenze nach Osten mehr durch deutsche als durch luxemburgische Kräfte abgeriegelt. In Belgien und den Niederlanden verhielt es sich ähnlich. Ein blühender Schwarzmarkt mit Virginia-Zigaretten und Bohnenkaffee, beides in Deutschland nur schwer zu erhalten, entwickelte sich. In dem nur schwer zu kontrollierenden Waldland der luxemburgischen und belgischen Ardennen bahnten erfahrene Schmuggler sich unter höchster Lebensgefahr den Weg durch Minenfelder und die Befestigungsanlagen des Westwalls, um ihre heiße Ware zu den Hehlern in der Eifel zu bringen.

Doch der Verkehr lief nicht nur in dieser Richtung. Auch von Ost nach West stahlen sich Menschen über die Grenze. Teils waren es Fahnenflüchtige der Wehrmacht, zum anderen aber auch solche, die vor der zu erwartenden Einberufung in die Armee ihr Heil lieber in der Flucht ins westliche Ausland suchten. Vereinzelt waren auch noch Juden in Deutschland, die sich erfahrener «Grenzgänger» bedienten, um von ihnen durch die vielen kleinen Grenzdörfer nach «Neu-Belgien» geführt zu werden, wie die einheimische Bevölkerung die im Vertrag von Versailles «Alt-Belgien» zugeschlagenen östlichen Gebiete nannte. Das war selbstverständlich alles mit Gefahren verbunden. Viele Einwohner von Eupen oder St. Vith fühlten sich auch zwanzig Jahre nach der Neugliederung noch als Deutsche. Man mußte daher damit rechnen, daß solche «Ausreißer» möglicherweise an die wartende Gestapo ausgeliefert würden. Selbst wenn aber die Bevölkerung nicht prodeutsch war, lauerten Gefahren, da die belgischen Behörden ebenso wie die deutschen für die Ergreifung der illegalen Grenzgänger Belohnungen ausgesetzt hatten. So führten auch die Neutralen ihren eigenen «Sitzkrieg», während jenseits der Grenze das siegreiche «Dritte Reich» seinen eigenen Rhythmus lebte.

Seit nunmehr dreißig Jahren lebten die Deutschen in den Erinnerungen an die Opfer, die ihnen der erste Weltkrieg abverlangt hatte. Wenn hierbei auch oft die persönlichen Familienschicksale die entscheidende Rolle spielten, so war es aber auch nach den schlimmen Zeiten wirtschaftlicher Not und den politischen Wirren der Weimarer Republik mit ihren immer wieder wechselnden Regierungen die politische Zukunft ihres Vaterlandes, die den Menschen Sorge bereitete. Die Versprechungen der Nationalsozialisten kamen den meisten Menschen in diesem Augenblick scheinbarer Ausweglosigkeit wie die Erlösung vor. Als dann schließlich «die

78 *In der Nähe der Ortschaft Pless in Südwestpolen werden am 5. September 1939 polnische Gefallene von Zivilisten aus dem Wald zur Leichensammelstelle gebracht.*

Würfel gefallen» waren, sah sich das Volk auf Gedeih und Verderb mit den Plänen und Handlungen der neuen Führer verbunden und ihnen ausgeliefert.
Vor allem in jenem Gebiet des Deutschen Reiches, das dem «Erzfeind» Frankreich unmittelbar benachbart war, machten sich Veränderungen bemerkbar. Noch hatten die Teilnehmer des Krieges 1914/18 ihre Fronterlebnisse nicht zu Ende erzählt, als nach bitteren Jahren endlich eine neue Zeit anbrach, die Hoffnung auf endgültige Bewältigung der noch unverarbeiteten Schicksalsschläge versprach. Noch berichteten die alten Kämpfer von den Begebenheiten bei Verdun und Arras, aufmerksam belauscht von der heranwachsenden nächsten Generation. Für «Kaiser, Volk und Vaterland» waren sie hinausgezogen und hatten einen «heiligen» Krieg gekämpft. Das Leben einsetzen für eine große Sache! Eine in diesem Sinne erzogene und in all ihrem Idealismus und ihrer Begeisterungsfähigkeit auf den Führer eingeschworene Jugend war – das ergab sich zwangsläufig – auch für die finsteren Zukunftspläne eines Diktators ein zuverlässiger Faktor. Erst spät dämmerte in den Köpfen so mancher Anhänger der «Bewegung» die Richtung, in die ein ganzes Volk geleitet wurde.

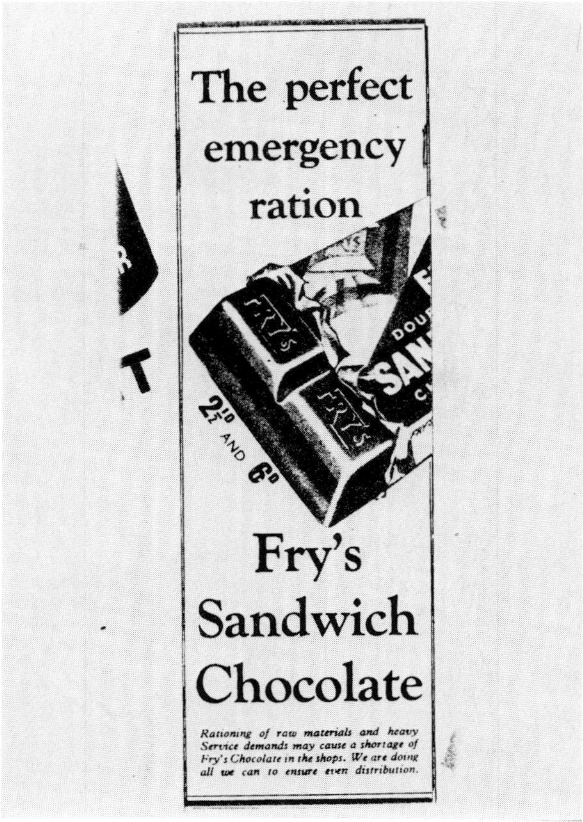

79 *Gebete für den «Führer» in Deutschland und Werbung für die perfekte Notration in Großbritannien. Der bescheidene Zusatz lautet: «Die Rationierung von Rohstoffen und Zustellungsschwierigkeiten können in den Geschäften zu einer Verknappung von Fry's Schokolade führen. Wir setzen alles daran, eine gleichmäßige Verteilung zu gewährleisten.»*

«Führer, mein Führer, von Gott mir gegeben,
beschütz und erhalte noch lang mein Leben!
Hast Deutschland gerettet aus tiefster Not,
dir danke ich heute mein täglich Brot.
Bleib noch lange bei mir, verlaß mich nicht.
Führer, mein Führer, mein Glaube, mein Licht!
Heil, mein Führer!
Dank sei dir für diese Speise,
Beschützer der Jugend, Beschützer der Greise!
Hast Sorgen, ich weiß es, doch kümmert's dich nicht,
ich bin bei Dir bei Nacht und bei Licht.
Leg ruhig Dein Haupt in meinen Schoß,
bist sicher, mein Führer, denn Du bist groß.
Heil, mein Führer!»

«Gebet» bei der Kinderspeisung der NS-Volkswohlfahrt in Köln-Rheinau

«Wie Jesus den Menschen von der Sünde und Hölle befreite, so rettete Hitler das deutsche Volk vor dem Verderben. Jesus und Hitler wurden verfolgt, aber während Jesus gekreuzigt wurde, wurde Hitler zum Kanzler erhoben. Während die Jünger Jesu ihren Meister verleugneten und ihn im Stich ließen, fielen die 16 Kameraden für ihren Führer. Die Apostel vollendeten das Werk ihres Herrn. Wir hoffen, daß Hitler sein Werk selbst zu Ende führen darf. Jesus baute für den Himmel, Hitler für die deutsche Erde.»

Diktat in der 3. Klasse einer Münchener Volksschule

'Thaird floor! No crockery, no hardware, no toys, and precious little baby linen!'

80 *Britische Karikatur: «Dritter Stock: kein Geschirr, keine Eisenwaren, kein Spielzeug und keine hübschen Babysachen!»*

'But apart from this, life is going on just the same as usual'

81 *Zwang in Deutschland, strenge Organisation in England. Britische Karikatur: «Im übrigen aber geht das Leben seinen gewohnten Gang.»*

Durch Gesetz seit dem 1. Dezember 1936 erfaßt, sollte die gesamte deutsche junge Generation vom 10. Lebensjahr ab in der «Hitler-Jugend» körperlich, geistig und sittlich im Geiste des Nationalsozialismus zum Dienst am Volk und zur Volksgemeinschaft» erzogen werden. Ende 1938 zählte die HJ etwa 8,7 Millionen Mitglieder. Seit 1935 bereits gab es den «Reichsarbeitsdienst» mit sechsmonatiger Dienstpflicht für alle männlichen Jugendlichen, seit dem 4. September 1939 auch für die weibliche Jugend. Als dann schließlich der Sommer des Jahres 1939 heraufzog, war diese fanatisierte Jugend auch bereit, für «ihren geliebten Führer» zu den Waffen zu greifen.

Links des Rheines hatte man im März 1936 als er-

«... Es ist meine Schuld, die ich fortan vor Gott, vor meinem deutschen Volk und vor unserer Nation trage, daß ich die Jugend dieses Volkes für einen Mann erzogen habe, den ich lange, lange Jahre als Führer und als Staatsoberhaupt als unantastbar ansah, daß ich für ihn eine Jugend bildete, die ihn so sah wie ich. Es ist meine Schuld, daß ich die Jugend erzogen habe für einen Mann, der ein millionenfacher Mörder gewesen ist.»

Baldur von Schirach, 1935–40 Reichsjugendführer, bei den Nürnberger Prozessen stes den starken und unbeugsamen Willen des Führers durch die Besetzung des laut Versailler Vertrag entmilitarisierten Zone des Rheinlandes erfahren können. Frankreich schaute dem gelassen zu und unternahm keine Schritte, Hitler von weiteren Manifestationen grenzenlosen Machtstrebens abzuhalten.

«Ich sah zwei Väter, Kriegsteilnehmer aus unserem Heimatgebiet, weinen. Väter weinten, weil ihre Söhne, zwei Jungens, bei diesen Truppen dienten, die unsere Wehr wiederherstellten... Stolz darf ein Grenzlandvolk sein auf solche Väter..., die die Tränen der Begeisterung und der übergroßen Freude nicht meistern konnten, als sie erlebten, daß ihre eigenen Söhne sozusagen im Namen aller Soldaten unserer Heimat in Trier wieder einmarschierten und die Wehrhoheit des Deutschen Reiches über dieses Gebiet wiederherstellten.»

«Trierische Landeszeitung» anläßlich der Rheinlandbesetzung am 15. März 1936

Ein Jahr zuvor war, wie in anderem Zusammenhang dargestellt, bereits die allgemeine Wehrpflicht wieder eingeführt worden, die nun immer mehr junge Männer erfaßte, die die Zustände des voraufgegangenen Krieges und seine Schrecken in Stellungskämpfen nur vom Hörensagen kannten. Sie alle mußten sich zu willfähigen Opfern des Diktators erniedrigen lassen und – widerstrebend, ergeben oder auch begeistert – seinem Ruf folgen. Wenn es Hitler auch nicht gelang, die Massen von der Notwendigkeit eines Krieges zu überzeugen, so konnte er – je näher der September 1939 rückte – doch immerhin davon ausgehen, daß die Masse der Bevölkerung einen Krieg nicht mehr ausschloß und sich innerlich auf diese Möglichkeit einzustellen bereit war.

Eine offene Opposition gab es nicht. Das NS-System hatte politische Gegner seit der Machtergreifung systematisch verfolgt, unterdrückt, inhaftiert und getötet. Das legalisierte Programm der Judenverfolgung hatte bereits Zehntausende Deutscher in die Emigration getrieben. Seit der «Reichskristallnacht», dem von Hitler und seinem Propagandaminister Goebbels inszenierten Pogrom vom 9./10. November 1938, war die Diskriminierung und Verfolgung der jüdischen deutschen Bürger zur systematischen Zerstörung ihrer Existenzgrundlagen gediehen. Wenige Tage nach Kriegsausbruch verbot Himmler den Juden den Ausgang

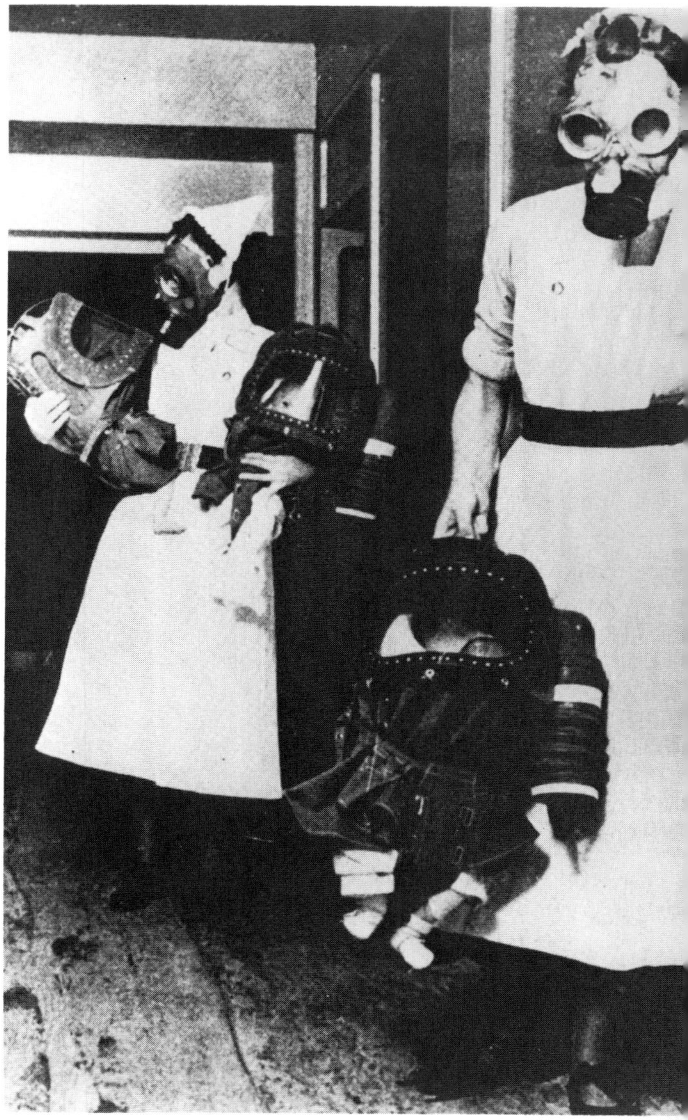

82 *Luftschutz am Rhein und an der Themse. Englische Krankenschwestern wurden in der Handhabung von Gasmasken für Säuglinge geübt, die den kleinen Briten das Aussehen zwergenhafter Tiefseetaucher oder Astronauten verliehen.*

nach 22 Uhr. Die Geheime Staatspolizei ordnete schlagartig für das gesamte Reichsgebiet die Einziehung der Rundfunkgeräte am 23. September an. Was bislang an Berufsverboten noch nicht ergangen war, wurde dann im ersten Kriegsjahr nachgeholt.

Hitlers Kriegspläne fanden bei Männern und Frauen des Widerstandes aller Gruppen von den Linken bis zu Vertretern der Kirchen, der Konservativen und der Militärs einhellig Ablehnung. Aber offene Auflehnung mehrerer konnte es nicht geben. Vergeblich versuchte ein Mann wie Generaloberst Ludwig Beck, der in der Sudetenkrise Hitler von seiner Annexionspolitik abbringen wollte, den gemeinsamen Rücktritt der Generalität zu erreichen; ein damaliger Plan für einen Staatsstreich ließ sich nicht verwirklichen. Uneinigkeiten unter den Militärs und nicht zuletzt die Appeasement-Politik der Westmächte, die zum Münchner Ab-

> «Mein ganzes Leben gehört von jetzt ab erst recht meinem Volk. Ich will nichts anderes sein als der erste Soldat des Deutschen Reiches. Ich habe damit wieder jenen Rock angezogen, der mir einst selbst der heiligste und teuerste war. Ich werde ihn nur ausziehen nach dem Sieg, oder ich werde dieses Ende nicht erleben. Und ich möchte daher jetzt der ganzen Umwelt gleich versichern: ein November 1918 wird sich niemals mehr in der deutschen Geschichte wiederholen! So wie ich selber bereit bin, jederzeit mein Leben einzusetzen... für mein Volk und Deutschland, so verlange ich dasselbe auch von jedem anderen... Verräter haben nichts zu erwarten als den Tod... Es ist gänzlich unwichtig, ob wir leben, aber notwendig ist es, daß unser Volk lebt, daß Deutschland lebt!»
>
> *Hitler*
> in seiner Kriegsrede vom 1. September 1939 vor dem Reichstag

> «‹Schade, daß der Westwall nun bald ganz fertig sein wird›, sagt einer, ‹am liebsten gingen wir hier gar nicht wieder weg.› Seine Kameraden bestätigen mit lachendem Gesicht diese Worte, und einer von ihnen fügt hinzu: ‹Wir haben uns aber schon zu den Grenztruppen gemeldet. Wir kennen ja genau, was wir hier gebaut haben, und wenn einmal einer versuchen möchte, ob wir gut gearbeitet haben, dann möchten wir bei einem solchen Versuch gerne dabei sein.›»
>
> *«Ahlener Volkszeitung»*
> vom 16. Mai 1939 anläßlich Hitlers Besichtigungsfahrt zum Westwall

83 *Haustiere wurden in England zu Zeiten der Evakuierung in besonders eingerichteten Zentralen abgeliefert, so wie hier in Woodford Bridge.*

kommen führte, verurteilten auch diese Widerstandsaktivitäten zum Mißerfolg. Generaloberst von Hammerstein-Eqourd, 1939 Oberbefehlshaber einer Armeegruppe im Westen, wurde seiner Stellung enthoben, ehe er, wie geplant, Hitler bei einem Truppenbesuch festnehmen lassen konnte.
Und dann kamen Stolz und Rausch der Erfolge – nahezu über die ganze Nation.

Im Westen Deutschlands waren die Arbeiten am Westwall ein für die Bevölkerung unübersehbares Zeichen für eine möglicherweise bevorstehende kriegerische Auseinandersetzung. Seit 1938 entstanden an der deutschen Grenze zwischen Kehl und Aachen die über 600 km langen Befestigungsanlagen mit 14000 Bunkern, mit Panzersperren und Munitionsdepots, errichtet von Mitgliedern des Reichsarbeitsdienstes und der ‹Organisation Todt›.

> «Die Besichtigung des Westwalls hat mich von seiner Unbezwingbarkeit überzeugt.»
> *Hitler,* Mai 1939

Aber auch weit im Landesinneren gab es genügend Anzeichen für eine Kriegsgefahr. Schon seit 1935 bestand allgemeine Luftschutzpflicht. Von den großen Ländern Europas hatten damals nur England und Sowjetrußland noch keine einschlägigen Gesetze erlassen. Luftschutzübungen, zunächst nur unwillig befolgt, wurden immer häufiger und ließen lebhafte Geschäftsstraßen in beängstigender Leere erstarren. Abendliche bzw. nächtliche Verdunklungsaktionen, denen zu Anfang ebenfalls oft nur nachlässig nachgekommen wurde, waren bis zum Kriegsbeginn zur Perfektion gebracht, was nicht zuletzt durch die ununterbrochenen öffentlichen Aufforderungen erreicht wurde: «Personen, die sich den Anordnungen nicht fügen, stellen sich außerhalb der Volksgemeinschaft und werden der Polizeiverwaltung namhaft gemacht!» Zu den Luftschutzmaßnahmen gehörte auch die «Entrümpelung» der Speicher, denen vor allem in ländlichen Gegenden oft unersetzliche Erbstücke von Generationen zum Opfer fielen.

> «Natürlich wissen alle Deutschen, daß sie in einer gefährlichen Zeit leben. Sie müssen blind, taub und dumm sein, wenn sie das nicht wissen sollten. Große gelbe Pfeile auf den Straßen weisen zum nächstgelegenen Luftschutzbunker. In Köln sah ich Arbeiter, die – hinter gelben Bauzäunen – nur wenige Meter vom Dom entfernt Flakstellungen vorbereiteten.»
> *J. Gunther,* amerikanischer Journalist
> August 1939

Schließlich wurden im Winter 1938/39 in einer Großaktion die «Volksgasmasken» an jeden Bürger ausgegeben. Bereits im September fanden Schulungs- und Aufklärungsabende mit entsprechenden Übungen statt, woran sich auch Schulen, Betriebsbelegschaften und NS-Vereinigungen geschlossen beteiligten. «Jedem Deutschen seine Volksgasmaske!» lautete die Parole, die zum Kauf aufforderte. Die Nationalsozialistische Volkswohlfahrt bot die Gasmaske zum Preis von 5 Reichsmark an, doch sank der Erstehungspreis je nach Einkommen, Kinderzahl und Stückzahl bis auf 50 Pfennig ab.

> «Höhepunkt dieser Luftschutzvorsorge war die Verabreichung der sogenannten Volksgasmasken im Winter 1938/39. In weißen Kartons verpackt, wurden sie in Massen angeliefert und beim Ortsvorsteher anprobiert. Wer je einmal seinen Kopf in einen solchen grünen Preßgummibehälter hineingezwängt hat, vergißt nie die Wucht, mit der der Unterkiefer gegen den Oberkiefer gedrückt und so das Gefühl erzeugt wurde, als habe man auch mit Gasmaske kaum eine Überlebenschance...»
> *Dr. Johannes Nosbüsch*
> «Bis zum bitteren Ende»

Über Jahre hinweg hatte inzwischen die NS-Propaganda die Stimmung im Volk aufgeheizt und – es kann nicht verschwiegen werden – durch scheinbare wirtschaftliche und außenpolitische Erfolge Nachweise der «Tüchtigkeit» der neuen Machthaber und der «Richtigkeit der Ziele» erbracht. So sollte es, je näher die nur schwieriger zu erreichenden Ziele Hitlers rückten, auch nicht sonderlich schwerfallen, dem Volk weitere Lasten aufzubürden. Auch diese wurden bei entsprechender Motivation ebenso willenlos und gehorsam getragen wie die vorausgegangenen. Als die Ziele des Vierjahresplanes bereits 1937 gefährdet waren, hatte die Führung einen Appell an die «Volksgemeinschaft» gerichtet und sie auf die Unumgänglichkeit persönlicher materieller Opfer hingewiesen. Wieviel Eisen – so wurde gefragt – rostet nicht nutzlos in Vorgartengittern und Toren vor sich hin, wo es andernorts für die Stärke der Verteidigungsfähigkeit viel dienlicher sein könnte? Sträubte man sich als «Volksgenosse» gegen solche Maßnahmen, dann mußte man sich den Vorwurf mangelnden Gemeinschaftsgefühls gefallen lassen, wo doch sogar Städte mit der Demontage von Gittern auf kommunalem Besitz vorangingen, so etwa vor Denkmälern oder öffentlichen Gebäuden.

84 *«Kiwi – die strahlendste Verdunkelung!» Werbung für Schuhcrème in Großbritannien.*

85 *Westwall hier, Werbung dort. «Kriegsgewinnler» wittern gleich zu Beginn der Auseinandersetzungen ihre Profitmöglichkeiten. Ein findiger englischer Fabrikant bietet «Schlafzimmer-Luftschutzbunker» recht preiswert an.*

86 *In Paris widmete man sich auch in der Kriesenzeit – so jedenfalls zeigt diese Veröffentlichung in der «Times» – lieber der Mode.*

«... Jede Propaganda hat volkstümlich zu sein und ihr geistiges Niveau einzustellen nach der Aufnahmefähigkeit des Beschränktesten unter denen, an die sie sich zu richten gedenkt... Die Aufnahmefähigkeit der großen Masse ist nur sehr beschränkt, das Verständnis klein, dafür jedoch die Vergeßlichkeit groß. Aus diesen Tatsachen heraus hat sich jede wirkungsvolle Propaganda auf nur sehr wenig Punkte zu beschränken und diese schlagwortartig so lange zu verwerten, bis auch bestimmt der Letzte unter einem solchen Wort das Gewollte sich vorzustellen vermag... Das Volk ist in seiner überwiegenden Mehrheit so feminin veranlagt und eingestellt, daß weniger nüchterne Überlegung, vielmehr gefühlsmäßige Empfindung sein Denken und Handeln bestimmt...»

Adolf Hitler
«Mein Kampf»

«... Der Krieg ermöglicht die Mobilisierung auch der letzten Metallvorräte. Denn dies ist dann kein Wirtschaftsproblem, sondern ausschließlich eine Willensfrage. Und die nationalsozialistische Staatsführung würde den Willen und auch die Entschlußkraft und Härte besitzen, um diese Probleme im Kriegsfall zu lösen. Viel wichtiger aber ist es, den Krieg schon im Frieden vorzubereiten.
Ich stelle damit folgende Aufgabe:

1. Die deutsche Armee muß in vier Jahren einsatzfähig sein.
2. Die deutsche Wirtschaft muß in vier Jahren kriegsfähig sein.

...»

A. Hitler
August 1936 in der Denkschrift zum Vierjahresplan

Am eigenen Leibe noch spürbarer geworden war seit 1937 der Verzicht oder zumindest die Einschränkung im Verbrauch lebenswichtiger Güter. Nicht nur, daß Devisen zur Verwendung für andere, der Zielsetzung eher entsprechende Materialien frei wurden, sondern ein im Frieden geübter Verzicht mußte auch einen Mangel in Kriegszeiten erträglicher erscheinen lassen. Kanonen statt Butter! «Verbraucherlenkung» wurde es offiziell genannt, wenn bei Fisch, Kartoffeln, Marmelade oder Kunsthonig zu größerem Verzehr angeregt, andererseits aber bei Butter, Schmalz, Speck, Speiseöl, Schweinefleisch, Käse, Weißbrot oder Eiern zu stark vermindertem Verbrauch geraten wurde. Am 27. August schließlich trat die Verordnung «zur vorläufigen Sicherstellung des lebenswichtigen Bedarfs des deutschen Volkes» in Kraft. Bezugsscheine wurden ausgeteilt. Kaufleute legten Kundenlisten aus, in die sich die Bürger einzutragen hatten, um so eine gerechtere Verteilung der vorhandenen Lebensmittel zu erreichen. Reichsernäh-

87 *Noch leben sie nicht im Krieg, und dennoch verläßt die Bevölkerung grenznaher französischer Ortschaften unter Mitnahme nur der wertvollsten Habseligkeiten bereits ihre Dörfer.*

rungsminister Darré erklärte beruhigend im Rundfunk: «Der Führer und das deutsche Volk können sich in jeder Lage auf die deutsche Ernährungswirtschaft verlassen.» Am 31. August erfolgte als weiterer Schritt zur Einsparung von hochwertigen Lebensmitteln die Anordnung, daß Gaststätten an mindestens zwei Tagen der Woche nur fleischlose Gerichte zu servieren hatten, und zwar am Montag und am Freitag. Doch die Einschränkungen ließen sich auch an den übrigen Tagen auf der Speisekarte ablesen: neben fleischlosen Gerichten durften vier verschiedene Eintopf- oder Tellergerichte angeboten werden.

«Sahne ist so knapp, daß man sie fast nur noch auf Rezept zu bekommen scheint. Eier sind streng rationiert – ein Stück pro Person und Tag. Selbst der Abfall wird noch verwertet. Jede Kartoffelschale wird sorgfältig getrocknet und in besonderen Behältern aufgehoben. Jedes Stückchen Bindfaden und jedes Stück Metall, wie etwa leere Zahnpastatuben, wird gesammelt.»

J. Gunther
amerikanischer Journalist

«Mit der Einführung der Bezugsscheinpflicht für die lebenswichtigen Verbrauchsgüter wird in der gegenwärtigen Stunde zum Ausdruck gebracht, daß das deutsche Volk entschlossen ist, unbeirrt seinen Weg zu gehen, den seine unabdingbaren Lebensinteressen gebieten. In völliger Ruhe und Disziplin bereitet sich das deutsche Volk vor, um allen Eventualitäten der gegenwärtigen Lage begegnen zu können.»

«Trierer Nationalblatt»

Bei diesen drastischen Sparmaßnahmen war es auch nur zu natürlich, daß man sich einem inneren Feind äußerst intensiv zuwandte, der dazu angetan war, in seiner lautlosen Art die noch verbliebenen Nahrungsgrundlagen des deutschen Volkes zu sabotieren: dem Kartoffelkäfer. Er wurde zum «Volksfeind» erklärt und gründlichster Bekämpfung ausgesetzt, was zumindest bei den Schulkindern zwiespältige Gefühle hervorrief. Reizte es einerseits, mit ganzer Klassen- oder Schulstärke, bewaffnet mit Essigflaschen, auf die Felder hinauszuziehen, sobald sich der «Feind» irgendwo gezeigt hatte, so – die Verfasser wissen es aus ihren eigenen Nachkriegserlebnissen zu berichten – hätte man sich dennoch als Kind eine weniger widerliche Beschäftigung gewünscht.

Doch am meisten noch – wie hätte es bei dieser Erziehung auch anders sein können? – glaubten die Kinder, hehren Zielen mit ihren Aktionen zu dienen. Aber auch die Erwachsenen, die Hitlers Vorgehen anfänglich für zu gewagt und mit dem Risiko des Krieges behaftet angesehen hatten, waren durch die entgegen größten Befürchtungen erzielten Erfolge der Staatsführung verblendet, so daß bedauerliche Einzelschicksale kaum noch von Bedeutung zu sein schienen. Rheinland! Österreich! Sudetenland! Böhmen und Mähren! Wer in Europa oder irgendwo sonst in der Welt hatte außer Wortprotesten ernsthafte Anzeichen für entschlossenen Widerstand gegen weitere Ansprüche des Diktators erkennen lassen? Selbst Frankreich und England hatten sich zurückgehalten. Warum also sollte es im Sommer 1939 im Falle der Freien Stadt Danzig anders zugehen?

Der «Großdeutsche Rundfunk» verstand es auch hier, die Menschen in den entlegensten Reichsgebieten in Siegesstimmung zu versetzen, wenn er aus den Lautsprechern der «Volksempfänger», die für 63 RM oder 35 RM erhältlich waren, entsprechende Parolen unter das Volk streute. «Mir gin no Danzig!» (Wir gehen nach Danzig) ereiferten sich auch im westlichen Grenzland die jungen Männer und zeigten sich bereit für einen Einsatz, der dem ihrer Väter im voraufgegangenen Krieg gegen Frankreich nicht nachstehen sollte. Doch auch der Skeptiker gab es genug, die vor der Unberechenbarkeit der Folgen eines solchen Unternehmens warnten – wenn auch nur hinter vorgehaltener Hand. Hegte man nicht auch an oberster Stelle Bedenken? Vielleicht aber konnte nur noch der Allmächtige das Unglück abwenden, dem man allabendlich in den Kirchen und Kapellen der noch religiös geprägten Reichsgebiete fromme Rosenkranzgebete entgegenbrachte. Es wurde in jenen Tagen viel gebetet um den Frieden, und ungezählt sind all jene Ströme von Bitten, die bei Zuspitzung der Lage im August 1939 und erst recht bei Beginn des nun doch ausgebrochenen Krieges im Septem-

«Einige handfeste Burschen waren lautstark in einer optimistischen Erörterung der deutschen Zukunftsperspektiven begriffen, als zwei junge Luxemburger das Lokal (in Körperich/Kreis Bitburg) betraten. Sie wurden gleich als ‹Schengelcher› erkannt und bald ziemlich überheblich auf Luxemburgs einzige ‹schwere Waffe›, die ‹Lederkanoun›, angesprochen. (‹Lederkanone›, weil sie in der Lage sein muß, um Ecken herum zu schießen, wenn die Granaten noch im ‹Ländchen› niedergehen sollen.) Die beiden Luxemburger verstanden den Spott und revanchierten sich mit Ausdrücken wie ‹Grußschnesser› (Großschwätzer) und schließlich: ‹D'ihr knaschtisch Preisen, de d'ihr sed!› (Ihr knauserigen Preußen – landläufiger Ausdruck für die Deutschen – die ihr seid!) Da war fast das erste Gefecht des noch nicht begonnenen Krieges fällig, und als Krönung des über die beiden errungenen ‹Sieges› erscholl wieder der Ruf: ‹Mir gin no Danzig!›»

Dr. Johann Nosbüsch

«Bis zum bitteren Ende»

88 *Warten – auf französischer Seite. Eine Partie Schach kann über die Langeweile, die sich trotz der angespannten Lage breitmacht, hinweghelfen.*

89 *Lautsprecherwagen fahren am deutschen Ufer des Oberrheins auf, um die Einwohner des Elsaß und die dort stationierten Soldaten der französischen Armee mit Schlagworten zu bearbeiten.*

90 *«Krieg» am Oberrhein zwischen Frankreich und Deutschland: Spruchbänder schreien Parolen hin und her über den Strom.*

ber – nicht nur in Deutschland – zum Himmel geschickt wurden.

«In der Nacht standen wir mit Hitler auf der Terrasse des Berghofes und bestaunten ein seltsames Naturschauspiel. Ein überaus starkes Polarlicht überflutete den gegenüberliegenden, sagenumwobenen Untersberg für eine lange Stunde mit rotem Licht, während der Himmel darüber in den verschiedensten Regenbogenfarben spielte. Der Schlußakt der Götterdämmerung hätte nicht effektvoller inszeniert werden können. Gesichter und Hände eines jeden von uns waren unnatürlich rot gefärbt. Das Schauspiel rief eine eigentümlich nachdenkliche Stimmung hervor. Unvermittelt sagte Hitler zu einem seiner militärischen Adjutanten gewandt: ‹Das sieht nach viel Blut aus. Dieses Mal wird es nicht ohne Gewalt abgehen.›»
Albert Speer
«Erinnerungen»

Durch nichts aber war das Unglück aufzuhalten gewesen, auch nicht durch inständigstes Beten. Doch schien es zur größten Verwunderung dennoch nicht so schlimm zu kommen, wie man zuvor befürchtet hatte. Unberechenbar blieb lediglich das Verhalten der polnischen Verbündeten Frankreich und England. Drei Tage schon befanden sich deutsche Truppen auf ihrem unaufhaltsamen Vormarsch in Polen, als sich das Blatt schließlich doch zu wenden schien. Frankreich und England erklärten am 3. September den Krieg! Nicht nur über der britischen Insel, auch über dem linksrheinischen Bergland nahe der Grenze zu Frankreich ließen an diesem Nachmittag düstere Gewitterwolken wie in einem Bild der Apokalypse Blitz, Donner und Wolkenbrüche niedergehen. Vorboten des Kommenden? Informationen darüber gab es nur noch aus deutschen Quellen: Presse und Rundfunk, gleichgeschaltet und vom Propagandaministerium gesteuert. Seit dem 2. September wurde das Abhören von politischen Nachrichten und Mitteilungen ausländischer Sender verboten und unter Strafe gestellt.
Große Unruhe rief die für den Fall einer kriegerischen Auseinandersetzung geplante Evakuierung vor allem bei der Grenzlandbevölkerung hervor. So war für die rund 80000 Einwohner zählende Stadt Trier die Evakuierung in zwei Gruppen vorgesehen. Die erste Gruppe setzte sich aus rund 32500 Personen zusammen, aus Kranken, Schwangeren, Kindern unter 12 Jahren mit ihren Müttern sowie Personen über 60 Jahren. Neben dieser Gruppe der nichtmarschfähigen Bevölkerung, die mit 1394 Personen, 435 Lastwagen und 13 Omnibussen ins Binnenland verbracht werden sollte, gab es die über 40000 Menschen zählende Gruppe der Marschfähigen. Sie sollte in «Marschblöcken» zu je 80 bis 100 Personen, diese wiederum zusammengefaßt zu «Marschgruppen» unter der Führung von Hilfspolizisten, die Stadt verlassen. Beide Gruppen sollten in Wetzlar wieder zusammentreffen und von dort in die Unterbringungsräume Regensburg, Passau, Straubing und Landau weitergeleitet werden.

«Das Leben nimmt seinen ganz normalen Gang. Die Hauptstadt Berlin, Hitlers Lieblingsaufenthalt, kündigt für Mittwoch eine neue Revue an. Die Zeitungen berichten, daß heute, am 2. September, zweihundert Fußballspiele stattfinden werden.»
W. Shirer, 1939

Doch es kam nicht so weit! Am 30. August wurde zwar vom zuständigen Gau-Sachbearbeiter in Koblenz mit den Parolen «Adventskranz» und «Beleuchtung» der Befehl zur Einleitung der Maßnahme an die Trierer Kreisleitung durchgegeben, doch sah man sich bei den Trierer Behörden zur Aufschiebung veranlaßt: Frankreich hatte bis zum 5. September den Kampf an der Westfront noch nicht aufgenommen.

«An eine Räumung der Stadt Trier wird zur Zeit in keiner Weise gedacht. Selbst wenn es im Westen zu Kampfhandlungen kommen sollte, steht nicht fest, daß Trier geräumt wird. Darum bleibe jeder ruhig an seinem Platz und gehe seiner Arbeit nach.»
Bekanntmachung in Trier
am 5. 9. 1939

Anders hingegen stellte sich die Situation in der am meisten gefährdeten «Roten Zone» im unmittelbaren Grenzbereich dar, wo – nicht überall gleichzeitig – die Evakuierung tatsächlich durchgeführt wurde. Größeres Leid und Elend konnte dieser so heimatverbundenen Bevölkerung nicht zustoßen. Gerade für diese in festen sozialen Strukturen lebenden Menschen barg die Reise ins Ungewisse bedrohliche Unsicherheiten. Sie, die ersten westdeutschen Flüchtlinge des angebrochenen zweiten Weltkrieges, fürchteten nicht so sehr die noch unvorhersehbaren Ereignisse, sondern mehr noch bedrückte sie die Sorge um das eigene Schicksal in einer fremden Welt, die Sorge um das Wohlergehen der Daheimgebliebenen, die mit besonderen Aufgaben betraut waren, so zum Beispiel mit der Versorgung des Viehes.

91 *Anschlag an der Tür eines von seinen Bewohnern im Zuge der Evakuierung verlassenen Hauses auf der französischen Seite der westlichen Reichsgrenze.*

«In der Nacht vom 1. zum 2. September 1939 gegen 3 Uhr wird im Dorf mit der Schelle die Räumung verkündet. Die Ausreisezettel werden ausgeteilt mit der Weisung, nicht mehr als 30 Pfund Gepäck mitzunehmen. Die Aufregung war so groß, daß meist das Unwichtige eingepackt und das Wichtige vergessen wurde... Ursprünglich war die Räumung so gedacht, daß alle Marschfähigen als Arbeitskräfte bleiben sollten. Nur Frauen und Kinder sollten zuerst in Sicherheit gebracht werden. Die Marschfähigen dagegen hatten ihre genaue Marschroute vorgeschrieben. Praktisch vollzog sich die Räumung aber so, daß niemand seine Angehörigen allein ziehen lassen wollte...»
Schulchronik
Prümzurlay (Eifel)

«... Es waren alte Leute, Frauen und Männer, Kranke und Schwache, junge Mütter mit ihren Kleinsten auf den Armen und größeren Kindern an der Hand, werdende Mütter, Schulbuben und -mädels, ihren Ranzen am Rücken, Jugendliche bis zu 16 Jahren, alle mit Gepäck, Koffern und Schlafdecken schwer beladen. Es war ein Weinen und Schreien der Kinder, ein Klagen und Stöhnen der Alten und Kranken, eine Unruhe der vielen Menschen zum Gotterbarmen. Wir wurden verpflegt. Endlich, es war gegen Abend, Freitagabend, es fing schon an zu dunkeln, wurden wir verladen, und nun ging es in die Nacht hinaus...»
Katharina Hermes
Berscheid (Eifel)

Während sich diese Menschen in Richtung Osten bewegten, mußten sie mit ansehen, wie sich in entgegengesetzter Richtung ein Militärstrom ergoß – in Richtung Frankreich. Als die Evakuierten zumeist nach sechs bis sieben Wochen – länger hielt es sie nicht in der Fremde – wieder in ihre kleinen Ortschaften zurückkehrten, gerieten sie in ein kaum vorstellbares Gedränge aus Militär und Zivil. Aber man arrangierte sich und brachte Verständnis, meist sogar Zuneigung, füreinander auf.

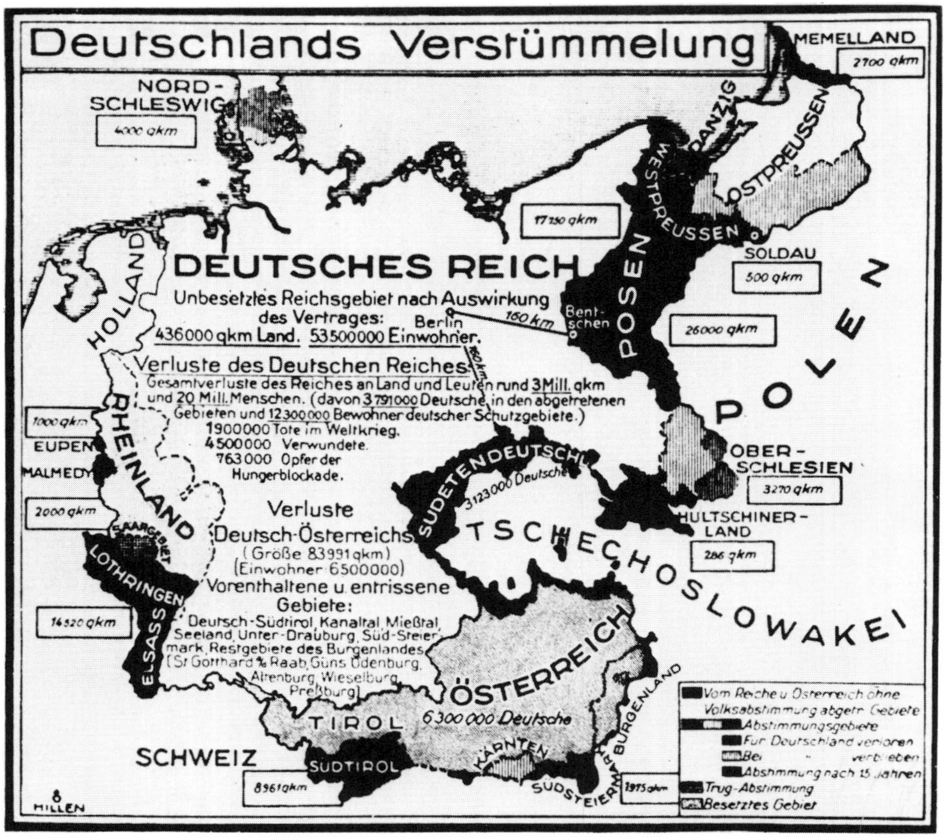

Deutschlands Verstümmelung
NORD-SCHLESWIG
4000 qkm
MEMELLAND
2700 qkm
DANZIG
OSTPREUSSEN
WESTPREUSSEN
17 250 qkm
SOLDAU
500 qkm
POSEN
26000 qkm
POLEN
DEUTSCHES REICH
Unbesetztes Reichsgebiet nach Auswirkung des Vertrages:
436000 qkm Land. 53500000 Einwohner.
Berlin
160 km
Bentschen
HOLLAND
Verluste des Deutschen Reiches
Gesamtverluste des Reiches an Land und Leuten rund 3 Mill. qkm und 20 Mill. Menschen. (davon 3791000 Deutsche in den abgetretenen Gebieten und 12300000 Bewohner deutscher Schutzgebiete.)
1900000 Tote im Weltkrieg.
4500000 Verwundete.
763000 Opfer der Hungerblockade.
1000 qkm
EUPEN
MALMEDY
RHEINLAND
2000 qkm
SAARGEBIET
LOTHRINGEN
ELSASS
14520 qkm
SUDETENDEUTSCHE
3123000 Deutsche
OBER-SCHLESIEN
3270 qkm
HULTSCHINER-LAND
286 qkm
TSCHECHOSLOWAKEI
Verluste Deutsch-Österreichs
(Größe 83991 qkm)
(Einwohner 6500000)
Vorenthaltene u. entrissene Gebiete:
Deutsch-Südtirol, Kanaltal, Mießtal, Seeland, Unter-Drauburg, Süd-Steiermark, Restgebiete des Burgenlandes (St. Gotthard, Raab, Güns, Ödenburg, Altenburg, Wieselburg, Preßburg)
ÖSTERREICH
6300000 Deutsche
TIROL
SÜDTIROL
8961 qkm
SCHWEIZ
KÄRNTEN
BURGENLAND
SÜDSTEIERMARK
Vom Reiche u. Österreich ohne Volksabstimmung abgetr. Gebiete
Abstimmungsgebiete
Für Deutschland verloren
Bei " verblieben
Abstimmung nach 15 Jahren
Trug-Abstimmung
Besetztes Gebiet
HILLEN

◁ 92 *Nach dem Elternhaus steht vor allem der Schule die Erziehung der nachwachsenden Generation zu. Kein Wunder, daß Schüler, die im Jahre 1928 mit dieser Schulwandkarte «Deutschlands Verstümmelung» unterrichtet wurden, von 1933 an die Verwirklichung ihrer anerzogenen Träume heranrücken sahen.*

94 *Am Wiener Heldenmal ehrt der «Führer» anläßlich des Heldengedenktages 1938 die Gefallenen des 1. Weltkrieges. Niemand noch ahnt, wieviele Opfer in den kommenden Jahren die Zahl der zu ehrenden vergrößern werden.*

◁ 93 *Annexionen und Siege lösten zu Beginn von Hitlers Expansionspolitik einander ab. Wer sollte angesichts dieses ständigen Anwachsens deutscher Macht nicht in Jubel ausbrechen, der oft nur gewaltsam in Grenzen gehalten werden konnte!*

95 *Wie viele übrige Bevölkerungsgruppen, so sind auch die Studenten bereits Jahre vor Kriegsausbruch in einer Organisation der «Bewegung» erfaßt und können sich gleich anderen Kreisen den Einflüssen und Parolen nicht entziehen.*

96 *«Die Besichtigung des Westwalls hat mich von seiner Unbezwingbarkeit überzeugt»: Hitler nach seiner Inspektionsreise vom 14.–19. Mai 1939. Im Bild Befestigungen und Höckerlinie auf der Paustenbacher Höhe.*

«Es kamen lange Militärzüge an unserem Flüchtlingszug vorbeigerast, vollbeladen mit Soldaten, die in unsere Heimat an die Front mußten, dem Feind entgegen mit dem Lied auf den Lippen: ‹In der Heimat, in der Heimat, da gibt's ein Wiederseh'n.› Andere Züge kamen mit Panzern, mit Kanonen, Flak und Waffen aller Art. Dann kamen Hunderte von Geländewagen mit Munition, Autos mit Verpflegung, dann wieder ganze Regimenter und Divisionen zu Fuß und zu Pferde. Ein erschütterndes Bild. Alle diese Menschen im blühenden Jugend- oder besten Mannesalter mußten dem Tod und Verderben in die Arme laufen. Früher oder später...»
Katharina Hermes
Berscheid (Eifel)

«Das Dorf war ein einziges Heerlager. Rund 1600 Mann lagen hier im Quartier. Alle Zimmer waren voll Stroh, alle Scheunen standen voller Pferde. Die Kraftfahrer nutzten alle erdenklichen Plätze aus, um ihre Fahrzeuge unterzustellen...»
Schulchronik
Prümzurlay

Doch was war mit den Franzosen? Hatten sie nicht Polen ihre Hilfe zugesagt und vor aller Welt Deutschland am 3. September den Krieg erklärt? Sollte man auch diesmal wieder auf die glückliche Hand des Führers bauen können, dem es in allen voraufgegangenen Fällen gelungen war, die Welt immer wieder trotz lautstarker Proteste vor vollendete Tatsachen zu stellen? Fast hatte es den Anschein, denn stundenlang zogen bei klarer Sicht Aufklärer vom Typ «Fieseler Storch» oder «Henschel 126» sowie zweimotorige «Do 17» seelenruhig über dem grenznahen Gebiet ihre Bahnen. Auch nach einer Woche Polenfeldzug mußte man sich unter diesen Umständen der Zuversicht der deutschen Staatsführung anschließen, die immer wieder die Schlagkraft der deutschen Verteidigungsstreitkräfte und insbesondere der Luftwaffe beteuerte. Als schließlich am 8. September gegen 18.45 Uhr zum erstenmal ein französischer Aufklärer über deutschem Gebiet auftauchte, war er tatsächlich binnen kurzem von deutschem Flakfeuer wieder vertrieben.

«Wenn auch nur eine einzige Bombe auf deutschen Boden fällt, will ich Meier heißen!»
Hermann Göring

«Deutschland ist heute auf alle Fälle vorbereitet. Es kann ruhig und selbstbewußt der Entwicklung entgegensehen. Ein 80-Millionenvolk steht hinter einem Führer. ...Deutschland wird nicht nur von einem bestgeschulten Heer, sondern auch von der stärksten Luftwaffe der Welt beschirmt.»
Tagesbefehl zum 25. Jahrestag des Weltkriegsbeginns, 3. August 1939

Ungewißheit herrschte auf beiden Seiten, während im Osten das polnische Volk seinem Untergang entgegensah. Die Maßnahmen zur Irreführung der Franzosen nahmen auf deutscher Seite gelegentlich groteske Formen an. Es wurden nicht nur Fahrzeugansammlungen getarnt, sondern ganze Straßen wurden durch Tonnen blühenden Ginsters dem Blick des Gegners entzogen. An eigens über die Straßen gespannten Drähten wurde ein Zweig des «Eifelgoldes» an den anderen gehängt, damit der Nachschub ungesehen seinen Weg zur Grenze nehmen konnte. Kurz, und wie eine symbolische Geste, ist die am 6. September beginnende regionale Offensive der 4. französischen Armee des General Dequin im Vorfeld des Westwalls im Raum Saarbrücken.
Deutschland im Sommer 1939 – ein Volk zwischen Hoffen und Bangen und zugleich bereitgemacht zu allem, was ihm in den kommenden Jahren zugemu-

97 *Erste Anzeichen drohenden Unheils? Musterluftschutzkeller in Berlin im Jahre 1936.*

98 *Immer wieder Propaganda zugunsten von Reichsluftschutzbund und Volksgasmaske.*

tet werden sollte. Weder in Polen, in England, in Frankreich, in Luxemburg, in Belgien, in den Niederlanden, noch in Deutschland selbst waren die Menschen bereit und willens, für ein «historisches Unrecht» Rache zu nehmen. War es jenseits der deutschen Grenzen vor allem die Furcht vor dem Unberechenbaren in den Plänen Hitlers, was die Menschen zum Reagieren zwang, so sahen sich die Deutschen ihrerseits plötzlich vor die Tatsache gestellt, daß sie gegenüber den Wahnideen des Führers durch jahrelange raffinierte Methoden zur Ohnmacht verurteilt waren. Hitler hatte es geschafft: die Heimatfront stand so «fest wie der Westwall» und war ebenso auf den Krieg vorbereitet wie jene Divisionen, die im Morgengrauen des 1. September 1939 die Schlagbäume an Polens Grenze niederrissen.

Der Führer zog in seinen Krieg – mit ihm das deutsche Volk, Europa, die Welt...

99 *Not macht erfinderisch! Zirkuselefanten übernehmen die Rolle von Zugmaschinen.*

«Von Kriegsbegeisterung hatte ich weder auf der Autofahrt durch die Vorstädte noch im Zentrum Berlins etwas bemerken können. Die Straßen wirkten recht verlassen, und die ... Passanten sahen – mit wenigen Ausnahmen – schweigend zu, wie Hitler auf dem Weg zur Reichstagssitzung vorüberfuhr... Als ich etwa um 8 Uhr abends auf die Straße kam, erlebte ich zum ersten Male die Berliner Verdunklung... Als ich schließlich ins Hotel zurückkam, begegnete ich mehreren der Angestellten, die... mich jetzt ängstlich und scheu fragten, ob ich nicht doch glaube, daß ein Krieg vermieden werden könne. ... Es war eigenartig, daß von ihnen allen nicht einer einen Haß auf Polen zeigte. Alle wirkten wie scheue Tiere vor einer drohenden Gefahr.»

Dahlerus
«Der letzte Versuch»

100 *Menschenleer ist zu Zeiten von Luftschutzübungen die ansonsten sehr geschäftige Simeonstraße in Trier im Jahre 1939.*

102 *Die Rationen einer deutschen Urlauberkarte, gültig für vier Tage und vergleichbar der Karte für Zivilisten. Aufgrund der «Verordnung zur vorläufigen Sicherstellung des lebenswichtigen Bedarfs des deutschen Volkes» vom 27. August wurde das Bezugscheinsystem eingeführt.*

◁ 101 *«Deutsches Land kehrt heim ins Reich. Deutsche Truppen rücken über die Tilsiter Brücke in das befreite Memelland ein.» (Originaltext dieses Fotos vom März 1939)*

«Die Stimmung geht entschieden gegen den Krieg, aber die Nation befindet sich hilflos im Griff des Nazisystems. Die Menschen sind wie Schafe, die zur Schlachtbank geführt werden. Wenn der Krieg ausbricht, werden sie marschieren und ihre Pflicht tun, mindestens für eine Zeit.»

Bericht des brit. Botschafters aus Berlin während der Krise um die Tschechoslowakei

«... Es entsprach der desolaten Stimmung, daß Hitler eines Nachts seine Koffer in die Autos packen ließ, um nach Osten, an die Front zu fahren. Ich war von seinem Adjutanten drei Tage nach Beginn des Angriffs auf Polen zur Verabschiedung in die Reichskanzlei gerufen worden und begegnete einem Manne, der in der provisorisch verdunkelten Wohnung über Kleinigkeiten ungehalten wurde. Die Wagen fuhren vor, und er

103 *Die Wochenration eines britischen Zivilisten. Soldaten waren von der Rationierung ausgenommen und brauchten keine Zuteilungskarten.*

«Göring sagt zum Führer, wir wollen doch das Vabanquespiel lassen. Darauf der Führer: ‹Ich habe in meinem Leben immer Vabanque gespielt›» (29.8.1939). «Göring hat dreimal den Führer beschworen abzulassen, wurde aber, wie er mir sagte, nur angefahren und abgefertigt» (7.9.1939).

Tagebuchnotizen *Staatssekretär Frhr. v. Weizsäcker* 29.8. und 7.9.1939

verabschiedete sich kurz von seinem zurückbleibenden Hofstaat. Kein Mensch auf der Straße nahm von diesem historischen Ereignis Notiz: Hitler fuhr in den von ihm inszenierten Krieg. Natürlich hätte Goebbels Jubel in beliebiger Menge aufbieten können; aber offenbar war auch ihm nicht danach zumute.»

Albert Speer
«Erinnerungen»

Der Krieg

Pünktlich um 4.45 Uhr am 1.September 1939 eröffnete das alte, einst kaiserliche Linienschiff «Schleswig-Holstein» im Danziger Hafen mit seinen schweren Geschützen das Feuer auf die polnische Garnison auf der Westerplatte.
Den ganzen Sommer über hatten sich in Danzig beide Seiten, sowohl die deutsche als auch die polnische, auf eventuelle kriegerische Auseinandersetzungen vorbereitet. Eine gewaltsame Regelung der Danzig-Frage schien nicht mehr ausgeschlossen. Im Zollstreit mit Polen Anfang August zeigte sich das angespannte Verhältnis der mißtrauischen Nachbarn. «Wir wollen ins Reich», hatte NS-Gauleiter Forster am 10.8. in einer Rede verkündet. Am 23.8. wurde Hitlers Statthalter durch eine Verordnung des Danziger Senats zum Staatsoberhaupt ernannt. General Eberhardt vom 1. deutschen Korps war Anfang August nach Danzig gekommen und hatte unter der Tarnung als Geschäftsmann die «SS-Heimwehr» organisiert. Die Heimwehr selbst hatte strategisch besonders wichtige Abschnitte der Freien Stadt unter eigene Kontrolle genommen und sich durch herangeschmuggelte Waffen der Abwehr die erforderliche Rüstung beschafft.
Die Polen andererseits hatten sämtliche Brücken von Danzig ins polnische Umland vermint. Auch in das polnische Postamt, in das Dienstgebäude des Kommissars und in das Bahnhofsgebäude hatten sie Waffen hineingeschmuggelt. Vor allem aber hatten die Polen die Westerplatte insgeheim mit Männern und Waffen verstärkt, jene Landspitze an beherrschender Stelle der Weichselmündung, nur dreieinhalb Kilomter von der lutherischen Marienkirche und den Hansehäusern des Stadtzentrums entfernt. Ein Teil der Westerplatte war der polnischen Regierung für ihren Munitionsumschlag überlassen worden und war, schwer befestigt, mit 82 polnischen Soldaten besetzt, die nun an diesem Morgen unter dem Beschuß des alten Linienschiffes lagen. Doch die Besatzung hielt den abgefeuerten Breitseiten stand und verteidigte sich noch, als die Stadt selbst schon lange in deutscher Hand war.
Inzwischen richteten Heimwehrtruppen, die auf einem mit Hakenkreuzfahnen dekorierten Aus-

◁ 104 *Ein Bild aus dem «befreiten» Danzig: Senatspräsident Greiser, der fünf Jahre lang in dieser Stadt die deutsch-polnischen Gegensätze geschürt hatte, besichtigt das zerstörte polnische Postamt.*

> «Alle Zufahrten und übrige Zugänge zu den Anhöhen und der niedergelegten Festung sind durch Stacheldrahtverhaue und Verbotsschilder gesperrt... Von den Mauern der Schiffswerften warnen Plakate: ‹Kameraden, haltet den Mund, sonst werdet ihr die Folgen bereuen!›»
> *Britischer Generalkonsul* in Danzig
> August 1939

> «In der Nähe Danzigs stellen sich regelmäßige Maschinenschäden ein, die es erforderlich machen, Danzig anzulaufen und an der Schichau-Werft festzumachen. In nächtlicher Stunde entwickelt sich auf dem Werftgelände eine rege Aktivität, denn nur bei Nacht kann die wertvolle Fracht gelöscht werden. So kommt durch ‹Nachtarbeit› die gesamte Ausrüstung nach Danzig, vom Hufnagel bis zur 15cm-Kanone, von Stacheldraht und Pfosten bis hin zum Panzerspähwagen.»
> *Major Cartillieri*
> von der Abwehr

105 *Letzte deutsch-sowjetische Verhandlungen zwischen Vertretern der sowjetischen und der deutschen Armee über den genauen Verlauf der Demarkationslinie. Zweiter von rechts General Guderian.*

106 *Panzergeneral Guderian bei Beobachtung des Vormarsches seiner Truppe.*

sichtspunkt Stellung bezogen hatten, ihr Feuer auf das Dienstgebäude des polnischen Kommissars Chodacki, der nach einer halben Stunde zusammen mit seinem Stab und mit erhobenen Händen heraustrat und sich ergab.

In der Stadt selbst wurde nur am polnischen Postamt Widerstand angetroffen, wo sich die Angestellten verbarrikadiert hatten. Aber nach zwölf Stunden sporadischen Beschusses und dem Einsatz von Granaten gaben auch hier die Polen schließlich auf.*

Noch am selben Tag setzte Forster die Danziger Verfassung außer Kraft. Danzig wurde durch Gesetz in das Deutsche Reich eingegliedert. Der Völkerbundkommissar, Professor Burckhardt, verließ die Stadt.

Bereits am Tag zuvor hatte sich die Stadt als «deutsch» bezeichnet, doch jetzt erst war sie es wirklich. Lautsprecher an den Laternenmasten wiederholten immer wieder das Horst-Wessel-Lied und versetzten die Menschen in Festtagsstimmung. Junge Leute in der schwarzen Uniform der Heimwehr machten ihre erste Bekanntschaft mit dem berühmten «Danziger Goldwasser». Es war heiß an diesem schicksalhaften Tag.

Und doch gelang auch den Deutschen an diesem Tage nicht alles. Da war zum Beispiel die Weichselbrücke bei Dirschau im Vorland der Stadt Danzig. Sie war für die Angreifer von größter Bedeutung, da über sie die Soldaten in den Freistaat und ebenso in den Korridor ausschwärmen konnten. Alle Zufahrten zur Brücke aber waren seit Wochen vermint und wurden, ebenso wie die Brücke selbst, von polnischen Elitetruppen bewacht. Ihr Kommandeur war sicher, die Brücke gegen alle Eindringlinge so lange halten zu können, bis seine Männer sie gesprengt hatten. Dabei spielte es keine Rolle, aus welcher Richtung der Angreifer kam.

Nachdem der Trick, mit dem Canaris' Leute die Brücke in ihre Gewalt bringen sollten, nicht praktikabel war, besann man sich deutscherseits eines anderen Mittels, wodurch der noch junge polnische Hauptmann völlig überrascht wurde.

Anderthalb Stunden nach dem Beginn des Angriffs auf die Westerplatte vernahmen die polnischen

* 4 Verteidiger konnten entkommen, 6 wurden im Kampf getötet, 6 weitere starben an ihren Verwundungen, die übrigen, ohne Uniform, wurden als Partisanen erschossen.

107 *Die Polen leisteten, soweit sie nicht im ersten Ansturm überrannt wurden, der überlegenen deutschen Wehrmacht erbitterten Widerstand: wie hier der SS-Verfügungstruppe im Kampf um ein polnisches Dorf.*

108 *5. September: Der polnische Oberbefehlshaber befiehlt den Rückzug hinter die Weichsel. Die gesprengte Brücke bei Dirschan.*

109 *Kurz vor dem Weltbrand: NS-Gauleiter Albert Forster (rechts) bei einem Aufmarsch der SS-Heimwehr in Danzig.*

Verteidiger das Motorengeräusch mehrerer Flugzeuge, die im Morgennebel über der Brücke ihre Kreise zogen. Zunächst vermutete man polnische Maschinen, doch schließlich verriet die Art des Geräusches, daß es sich um modernere Maschinen handeln mußte. Doch wenn es wirklich die «Fritzen» waren, was suchten sie dann dort oben? Mit Sicherheit würden sie keine Brücke bombardieren, die ihnen so wertvoll war!

Mit einemmal hastete einer der Soldaten zum Befehlsstand des Kommandeurs hinüber, als soeben das erste Geknatter von leichteren Waffen über den Feldern auf dem Weichselufer hörbar wurde. «Hauptmann», so rief er, «sie kommen herunter. Fallschirmspringer! Die wollen sich die Brücke holen!»

Sofort betätigte der Hauptmann den Alarmknopf und rannte durch den Nebel hinüber zur Brücke. Zum Glück waren die Springer in einiger Entfernung von der Brücke heruntergekommen. Erst nach etwa einer weiteren Stunde, etwa gegen 7.30 Uhr, tauchten die ersten deutschen Angreifer auf. Der Hauptmann sah schattenhaft die Umrisse von vier Fallschirmspringern, die über die Brücke huschten und im Laufen feuerten. Neben ihm lag bereits ein toter Kamerad. Was war geschehen? Es

konnte nicht anders sein, als daß die Deutschen den elektrischen Zündschalter entfernt hatten.
Fünf Meter nur trennten den jungen Polen von jener Stelle des Brückenbogens, wo die Sprengladung angebracht war. Fast schon hatte er die Strecke zurückgelegt, als ihn ein Fallschirmjäger bemerkte und eine Salve aus seiner Maschinenpistole auf ihn abgab. Ein Geschoß drang in seine Schulter, riß ihn herum und warf ihn zu Boden. Fast stürzte er auf den Zünder, der für den Fall des Versagens der elektrischen Zündung zusätzlich am Ufer versteckt war. So war es ihm unter Aufbietung aller Kräfte dennoch möglich, den Knopf mit dem gesunden linken Arm zu erreichen. Er konnte ihn schließlich niederdrücken, und augenblicklich gingen er selbst, die Fallschirmjäger und die Dir-

110 *Krieg ohne Kriegserklärung. Beschießung der polnischen Post in Danzig.*

schauer Brücke in einer Wolke von Rauch und Staub hoch.
Auf der Westerplatte hielten die Polen weiter aus und widerstanden Granateinschlägen und Infanterieangriffen. Die deutschen Angreifer mußten mehrere Hundert Mann opfern und verhalfen so dem Kampf um die Westerplatte in der deutschen Presse zu dem Ruf eines «Klein-Verdun», als er am 7. September schließlich siegreich beendet wurde. Dem polnischen Verteidigungskommandanten verblieb in Anerkennung des tapferen Widerstandes der Degen – eine Geste des deutschen Kommandeurs.

«Hel padnie, i Westerplatte ukradna zbojcy ty przetrwasz, swiety Okopie Poetow Trojcy.»*
M. Hemar, September 1939

* «Hela ist gefallen, und aus dem Hinterhalt wurde uns die Westerplatte geraubt; du aber, hehres Bollwerk unserer Dichter-Troika, wirst überleben!» (Gemeint sind die Dichter Mickiewicz, Slowacki und Krasinski.)

111 *Deutscher Bombenangriff auf die Außenbefestigungen von Modlin im September 1939.*

«Männer und Frauen von Danzig! Die Stunde, nach der Ihr Euch zwanzig Jahre lang gesehnt habt, ist jetzt gekommen. Heute ist Danzig heimgekehrt in das Großdeutsche Reich. Unser Führer Adolf Hitler hat uns befreit.»
Gauleiter Forster
1. September 1939

*

Während deutsche Truppen allerorts über die Grenze vorstießen, begann die Luftwaffe gleichzeitig ihre Angriffe auf die Stützpunkte der polnischen Luftstreitkräfte und läutete damit den Blitzkrieg ein, der den Westen so sehr beunruhigte und in Furcht versetzte. Kattowitz und Krakau wurden Opfer der Bomben, und 250 polnische Soldaten verloren ihr Leben. Die Verteidigungseinrichtungen des Flugstützpunktes und 17 Maschinen waren am Ende zerstört. Nachdem die Bomber abgedreht hatten, erschienen die Stukas und setzten das Zerstörungswerk fort. Mit heulenden Sirenen stürzten sie sich auf ihre Ziele, wie wenn sie sich in den polnischen Boden bohren wollten, und machten die Rollbahnen völlig unbrauchbar. Kurz darauf nahmen die Bomber Kurs auf Gdingen, Lemberg, Krosno und Warschau. Gegen Abend des 1. September bereits war die polnische Luftwaffe nahezu vollkommen vernichtet oder unbrauchbar.

112 *Der fröhliche Krieg? Die ersten Frauen im Einsatz. Deutsche Verlustbilanz des Polenfeldzugs: 10572 Gefallene, 30322 Verwundete, 3409 Vermißte.*

«Etwa ein Dutzend Heinkel tauchte auf und bombardierte eine Stunde lang den Zug. Über die Hälfte der Waggons wurde getroffen und der größte Teil der Fahrgäste getötet oder verwundet. Die Überlebenden entstiegen den Wracks und machten sich zu Fuß auf in östlicher Richtung. Niemand versuchte auch nur, irgendwie Ordnung in die Schar der Flüchtenden zu bringen. Wir waren keine Armee mehr, sondern lediglich noch flüchtende Einzelwesen...»
Leutnant Jan Karski

«Die Luftwaffe hatte uns den Weg freigemacht. Ihre Sturzkampfbomber hatten mit tödlicher Genauigkeit gearbeitet und das ohne jeden Widerstand. Straßen und Felder waren überflutet von unglückseligen Bauern, die mit Beginn des Bombardements panikartig ihre Dörfer verlassen hatten.»
Leutnant Baron Tassilo von Bogenhardt

113 *Auf dem «Langen Markt» in Danzig hatte sich eine dichtgedrängte Masse eingefunden, um die Führerrede zur «Befreiung» Danzigs mitzuerleben. Es war die «historische Stunde» von Danzig.*

114 *«Danzig ist nicht das Objekt, um das es geht, sondern die Gewinnung des Lebensraums im Osten»: Hitler in einer geheimen Befehlshaberbesprechung am 23. Mai 1939. Im Bild: Die Danziger «Langgasse» im Fahnenschmuck.* ▷

Dem Führer die Treue

115 *Einmarsch deutscher Truppen in Tarnowitz am 3. September 1939: Volksdeutsche jubeln.*

116 *Die Auseinandersetzungen zwischen der deutschen Volkstumsgruppe und Polen, zwischen Polen und Deutschen, von Politik und Propaganda beiderseits genutzt und geschürt, waren – wie der Bromberger «Blutsonntag» – schon vor und unmittelbar nach Kriegsausbruch unheilbare Vorboten des Kommenden. Auf Weisung Hitlers beginnt wenig später die Ausrottung der polnischen Führungsschicht.*

117 *Übergabe der Stadt Graudenz am 7. September 1939 im dortigen Rathaussaal.*

Nach einem letzten Uhrenvergleich waren genau zur gleichen Zeit die Panzerdivisionen im Aufmarschgebiet des XIX. Korps über die polnische Grenzlinie gerollt. Der kommandierende General führte in einem Kettenfahrzeug seine Leute durch den Morgennebel. Für den ersten Abschnitt der Invasion hatte er den Befehl ausgegeben, keinen Schuß abzufeuern, bevor nicht Ziele ins Blickfeld kamen. So hoffte er, Verwirrung zu vermeiden, da seine Leute weitgehend noch unerfahrene Soldaten waren.

Doch so eindringlich der Befehl auch lautete, das Unheil ließ sich nicht vermeiden. Die aufgeregten jungen Schützen der 3. Panzerdivision glaubten, das Geräusch herannahenden Feindes zu vernehmen, und schossen mit einem Mal wie wild in den undurchdringlichen Morgendunst. Ihre erste Granate schlug nur fünfzig Meter vor dem Fahrzeug des führenden Generals ein, die nächste nur fünfzig Meter dahinter. «Um Gottes willen», schrie er, «die nächste wird uns treffen!» Anscheinend schossen sich die jungen Leute auf ihn ein. «Mensch, fahren Sie Zickzack!» rief er seinem Fahrer zu und hoffte, so dem Feuer seiner eigenen Leute zu entkommen.

Doch sein Fahrer meinte es zu gut. Er überzog das Steuer und landete das Fahrzeug in einem Graben, wobei eine Kette aus ihrer Führung sprang. Der General fluchte, sprang aus dem Fahrzeug heraus und lief wütend und laut schreiend den schießwütigen Schützen entgegen.

Eine halbe Stunde nach diesem Zwischenfall setzte er in einem anderen Kettenfahrzeug den Vormarsch fort, und nach weiteren zwanzig Minuten bekamen seine Panzer die erste Feindberührung.

Der General hatte mit seinen Truppen den Fluß Brahe zu überqueren und dann im Eiltempo zur Weichsel vorzustoßen, um die im Korridor stationierte polnische Armee abzuschneiden und sie in einer deutschen Panzerzange festzuhalten. Mit die-

118 *Die von den Polen gesprengte Weichselbrücke bei Dirschau am 5. September 1939.*

sem Manne hatte man eine glückliche Wahl getroffen, da er nicht nur ein vorzüglicher General war, sondern auch das Land gut kannte.
Gegen 8 Uhr dieses Morgens war er in heftige Kämpfe in den Randbezirken der polnischen Kleinstadt Groß-Klonia verwickelt. Die Ortschaft und ihr Schloß hatten vor langer Zeit einmal seinem Urgroßvater gehört, sein Großvater lag hier

«Am 5. September erhielt unser Korps überraschend Besuch von Adolf Hitler. Ich traf ihn bei Plevno an der Straße Tuchel–Schwetz, stieg in seinen Wagen und fuhr mit ihm unsere zurückgelegte Vormarschstrecke ab. Dabei kamen wir auch an einer zerstörten polnischen Artilleriestellung vorbei. Angesichts der völligen Zerstörung fragte Hitler mich: ‹Waren das unsere Stukas?› Meine Erwiderung, daß dies das Werk unserer Panzer war, verwunderte ihn sehr.»

General H. Guderian
Kommandeur des XIX. Korps

119 *Nach der Eroberung der Westerplatte: gefangengenommene Besatzung, die tapferen Widerstand leistete, nachdem die «Schleswig-Holstein» mit ihren Schüssen auf diesen polnischen Vorposten bei der Stadt Danzig den Krieg ohne jede Kriegserklärung eröffnet hatte.*

120 *Nach langem Kampf: Die polnischen Verteidiger der Westerplatte haben sich ergeben.*

121 *Deutsche Infanterie in einem Vorort der polnischen Hauptstadt.*

122 *Eingang zum polnischen Munitionslager auf der Westerplatte, der Freien Stadt Danzig vorgelagert.*

123 *Über der zerstörten Befestigungsanlage der Westerplatte die deutsche Kriegsflagge.*

begraben, und sein Vater war hier geboren. Er selbst hatte hier seine frühe Kindheit verbracht.

> «Krakau, Polens zweitgrößte Stadt, wurde an diesem Nachmittag eingenommen. Dem Oberkommando zufolge ist auch Kielce gefallen. Als ich die Stadt auf der Karte suchte, war ich verblüfft, sie bereits östlich von Lodz und Krakau zu finden, fast südlich Warschaus. Bis dahin hatte keiner angenommen, daß die deutsche Armee bereits so weit vorgerückt war. Innerhalb einer Woche sind die Deutschen weit über ihre Grenzen von 1914 vorgestoßen. Fast sieht es schon nach einer vernichtenden Niederlage der Polen aus.»
>
> *W. Shirer*
> 6. September 1939

Dieser General war Guderian, der im weiteren Kriegsverlauf zum berühmtesten Panzergeneral werden sollte. Und immer wieder flogen Bomber heran und bereiteten den Bodentruppen den Weg für den Blitzkrieg, dessen Präzision die Polen völlig überraschte. Was sie nicht wußten, war die Tatsache, daß die deutschen Flugzeuge die schlechten Sichtverhältnisse mit Hilfe der russischen Rundfunkstation Minsk überwanden. Die Russen waren von deutscher Seite ersucht worden, auf Sendung zu bleiben und so die Bomberverbände zu führen. Stalin begrüßte es sehr, seinen neuen Verbündeten diese Hilfestellung gewähren zu können, und hoffte, nun bald Seite an Seite mit ihnen gegen die Polen vorgehen zu können.

*

Was aber war mit den westlichen Verbündeten Polens los?

> «Ich habe den ersten Menschen gesehen, der an der Westfront von einer britischen Kugel verwundet wurde. Es war ein Franzose.
> Ein kleiner Bauer schob eine Karre über das Feld und näherte sich – es war schon dunkel – einem britischen Wachposten.
> Der Soldat rief den Unbekannten an, erhielt

124 *Nachdem Gdingen am 14. September 1939 von deutschen Truppen besetzt worden war, sammelten sich am Tage darauf Scharen polnischer Gefangener.*

aber keine Antwort. Dann schoß er, und der französische Landmann fiel zu Boden. Später erst erfuhr der britische Soldat, warum der Mann auf seinen Anruf nicht geantwortet hatte: der Bauer war taubstumm!»
Skene Catling

Mit dieser Begebenheit erschöpfte sich bereits das militärische Geschehen an der Westfront in dieser ersten Septemberwoche.
Die Briten verlegten sich zunächst hauptsächlich auf Propaganda. Die «Times» meldete am 4. September, daß in der vorigen Nacht sechs Millionen Flugblätter abgeworfen wurden und in der Nacht vom 4. zum 5. September weitere drei Millionen folgen würden. «Bei dieser und den vorausgegangenen Aktionen kehrten alle unsere Maschinen wohlbehalten zurück!» – Nicht ganz, ein Flugzeug blieb vermißt.
Am Montag, dem 4. September, flogen Maschinen der RAF ihren ersten Angriff auf Wilhelmshaven, Brunsbüttel und die Einfahrt zum Nord-Ostsee-Kanal. Den 29 englischen Bombern war es vorerst noch untersagt, die Werftanlagen zu bombardieren. Ihre Ziele waren daher nur deutsche Schiffe,

125 *Straße in der von den deutschen Truppen eingenommenen Stadt Sochaczew am 19. September 1939.*

die sich auf der offenen See aufhielten. Die «Gneisenau» und die «Scharnhorst» aber wurden verfehlt, die «Admiral Scheer» erhielt zwar zwei Treffer, doch waren die Bomben aus so niedriger Höhe abgeworfen, daß die Zünder nicht reagierten. Die «Emden» war leicht beschädigt, was in zwölf Tagen jedoch von der Mannschaft wieder behoben werden konnte. Im Gegensatz dazu waren die Verluste der RAF mit 7 Maschinen relativ hoch, und erst drei Monate später sollte sie ihren nächsten Angriff fliegen. Mönchengladbach sollte das erste Landziel abgeben und – Ironie des Schicksals! – das erste Zivilopfer britischer Luftangriffe auf deutsches Gebiet ausgerechnet eine englische Frau sein!

«Die bei diesem erfolgreichen Einsatz beteiligten Piloten und Mannschaften kehrten in ausgezeichneter Verfassung zu ihren Stützpunkten zurück. Sie empfanden es als eine Auszeichnung, den ersten Schlag gegen die deutsche Kriegsmaschinerie führen zu dürfen...»

Amtliche Verlautbarung
der RAF

126 *Verhör vor dem SD, dem Sicherheitsdienst der SS, der im Gefolge der kämpfenden Wehrmacht in den besetzten Gebieten über die nachrichtendienstliche Erforschung hinaus für zahllose Gewaltakte und terroristische Maßnahmen verantwortlich zeichnete. Der Name der Organisation ist unlöslich verbunden mit der Ausrottung Unzähliger.*

127 *Tapferkeit allein konnte den Ansturm der hochgerüsteten deutschen Armeen nicht aufhalten, und immer wieder zeugte die weiße Fahne der Parlamentäre von der Einsicht in die Ausweglosigkeit der Lage.*

128 *Aufsteigender deutscher Fesselballon während des Polenfeldzuges. Bemannt wurden sie zur Beobachtung feindlicher Stellungen benutzt, unbemannt dienten sie als Sperrballons zur Abwehr von Tieffliegerangriffen.*

> «Wir wollen keine Franzosen töten. Wir wollen weder die Franzosen noch die Briten besiegen. Wir kennen die britische Devise: ‹Wir werden bis zum letzten Franzosen kämpfen!›»
>
> *Hermann Göring*
> September 1939

Am 8. September hatten deutsche Panzerspitzen Warschau erreicht. Am 11. ging bei Radom der Widerstand der polnischen Armee ‹Preußen› zu Ende. 60000 polnische Soldaten mußten kapitulieren. Am 12. September, als in Polen die entscheidende Schlacht an der Bzura tobte und Warschaus ostwärtige Verbindungen bereits abgeschnitten waren, traf sich im Salon der Unterpräfektur im nordfranzösischen Abbeville der Oberste Britisch-Französische Kriegsrat. Chefdelegierte waren Ministerpräsident Daladier, General Gamelin, Premierminister Chamberlain und sein Verteidigungsminister Lord Chatfield. Das Ergebnis ihrer Beratungen verriet, daß sie Polen bereits aufgegeben hatten. Zwar wurde noch über einen möglichen Materialnachschub nach Polen gesprochen. Doch Chamberlain hielt den Weg über Rumänien für zu schwierig. Als Alternative bot sich der Transport über die russische Stadt Odessa an. Diese Möglichkeit wurde aber – zum Glück für die Westmächte – nicht ernsthaft erwogen. Denn bald schon befand sich Rußland selbst mit Polen im Krieg.

129 *Ein Verband Ju 87 im Anflug auf sein Zielgebiet.*

> «Es steht nunmehr fest, daß die Polen durch nichts mehr zu retten sind. Der einzige Weg, ihnen die Freiheit wiederzugeben, ist der, den Krieg zu gewinnen.»
> *General Ironsides*
> Chef des Generalstabes

Auch der Soldat Gamelin machte den Polen keine großen Hoffnungen. Auf die Frage Chatfields, ob die Franzosen zur Einleitung einer Offensive im Westen bereit wären, falls Polen länger als angenommen Widerstand leisten könnte, antwortete Gamelin mit einem kategorischen «Nein!»
Gamelin teilte dem Rat aber auch mit, daß er seine Truppen mit einem begrenzten Vorstoß auf deutsches Gebiet beauftragt habe, um so den Polen Entlastung zu verschaffen. War man mit diesem Vorstoß im Wald von Warndt denn nicht schon den Vorstellungen Chatfields gerecht geworden?

> «In einem einsamen Dorf im besetzten Deutschland an den Ausläufern des Warndt-Waldes ist nicht eine einzige Bombe gefallen, nicht eine einzige Granate explodiert. Die stillen Häuser sind unbeschädigt. Überall leuchten noch die Geranien aus den Blumenkästen, doch niemand ist da, der sie pflegt.»
> *«The Times»*
> September 1939

130 *Die Reaktion der Polen war verständlicherweise von Erbitterung geprägt, nachdem von englischer Seite außer Worten nichts zur Abwendung des polnischen Untergangs unternommen wurde.*

131 *In Unkenntnis der modernen Rüstung des Deutschen Reiches mußte das polnische Volk sein Vertrauen in eine Armee setzen, deren Beweglichkeit vor allem auf dem Einsatz von Pferden beruhte – kein ernsthafter Gegner für eine panzerstarrende Truppe.*

132 *Am 20. September 1939: Endlose Kolonnen polnischer Gefangener auf dem Weg in die Gefangenschaft statt auf dem ihnen prophezeiten «Marsch nach Berlin».*

133 *Im eroberten Ostrolenka fährt am 21. September ein Omnibus mit dieser zutiefst verhöhnenden Kreideaufschrift durch die Straßen.*

134 *Ausländische Diplomaten verlassen die gefährdete polnische Hauptstadt. Diese Szene spielte sich am 21. September 1939, eine Woche vor der Kapitulation Warschaus, bei Praga an der Straße nach Radzymin ab.*

135 *In deutsche Hand gefallen, erhalten Städte und Straßen deutsche Namen, so etwa Gdingen, das nunmehr bis 1945 den Namen «Gotenhafen» führt.*

136 *Nach der Einnahme umgetauft: Lodz, dann als «Litzmannstadt» Bestandteil des «Reichsgau Wartheland». Im Rahmen der nationalsozialistischen Vernichtungspolitik wurde die jüdische Bevölkerung, die fast ein Drittel der (1931) über 600 000 Einwohner der Stadt gebildet hatte, ermordet.*

> «Französische Truppen halten 100 000 Morgen deutschen Territoriums besetzt.»
>
> *Charles Morice*
> «Le Petit Parisien»

Alles, was sich zugetragen hatte, war der Vorstoß einer französischen Division in den Wald von Warndt, ein etwa 5 Quadratkilometer großes Gelände unmittelbar jenseits der Grenze. Wie sich herausstellte, war es völlig vermint und mit Sprengsätzen aller Art verseucht. Dem französischen

Kriegsbericht zufolge aber «leistet der Gegner an der ganzen Front Widerstand... Deutsche Streitkräfte sind an zahlreichen Stellen der Front zu Gegenangriffen übergegangen». So wurde der Eindruck vermittelt, als ständen sich in Nordfrankreich bereits gewaltige deutsche und französische Armeen im Kampf gegenüber. In Wirklichkeit aber handelte es sich lediglich um kleinere Scharmützel. Von den 33 deutschen Infanterie-Divisionen waren um diese Zeit nur 11 aktive und kaum Panzer und motorisierte Verbände. Frankreich mit seinen 110 Divisionen und rund 4000 Panzern griff nicht ein. Und was die britische Armee anbetrifft, so hatte sie erst im Dezember 1939 ihren ersten Verlust in Frankreich zu beklagen.

«Was tut sich eigentlich an der Westfront? Die Wilhelmstraße versichert heute, daß bislang kein einziger Schuß dort abgegeben wurde... Großbritannien und Frankreich haben nichts unternommen, um durch ein Eingreifen an der Westfront den gewaltigen Druck auf Polen zu mindern.»
W. Shirer
am 9. September

137 *Organisation schafft ein Gefühl der Sicherheit, die auch gelegentlich eine Ruhepause zuläßt.*

«Eine Woche nach der englisch-französischen Kriegserklärung fragt sich der Durchschnittsdeutsche, ob es wirklich ein Weltkrieg sei. Er sieht die Sache anders. England und Frankreich, das ist richtig, kommen ihren Verpflichtungen gegenüber Polen formal nach. Eine ganze Woche lang befinden sich die beiden Länder mit Deutschland formal im Krieg. Aber hat dieser Krieg auch stattgefunden? Die Briten, auch das ist richtig, haben rund 25 Flugzeuge zur Bombardierung Wilhelmshavens entsandt. Warum aber, wenn es sich wirklich um Krieg handelt, nur diese geringe Zahl? Und warum hat man, wenn man von Krieg spricht, nur Flugblätter über dem Rheinland abgeworfen? Das industrielle Herz Deutschlands schlägt doch am Rhein unweit Frankreichs. Von dort kommt doch der größte Teil der Munition, die Polen so tödlich zusetzt. Nicht eine einzige Bombe aber ist bisher auf eine rheinische Fabrik niedergegangen. Ist das Krieg? Die langen Gesichter, die ich noch vor einer Woche sah, sind am heutigen Sonntag bei weitem nicht mehr so lang.»
W. Shirer
10. September 1939

138 *Nach der Einnahme Warschaus: Polnische Soldaten ziehen in Gefangenschaft.*

139 *700000 polnische Soldaten mußten den Leidensweg in die deutsche Gefangenschaft gehen. Aufnahme: deutsches Propaganda-Bild.*

140 *Gemeinsame Parade deutscher und sowjetischer Truppen in Brest-Litowsk vor dem ehemaligen Wojwodschaftsgebäude am 22. September 1939. Diese Demonstration freundschaftlicher Verbundenheit sieht deutscherseits General Guderian und auf sowjetischer Seite Brigadegeneral Kriwoschen auf dem Podest, nachdem die Demarkationslinie zwischen beiden Einflußsphären endgültig von den jeweiligen Truppen besetzt ist.*

So war die Konferenz der alliierten westlichen Führer nicht mehr als eine reine Formalität, wodurch dem Wählervolk in Frankreich und England vorgegaukelt werden sollte, als tue man etwas für das seinem Todeskampf entgegengehende Polen.
Im Westen hatte ein Scheinkrieg begonnen! Aber Hitler hatte am 12. September zum ersten Mal den Gedanken geäußert, auch im Westen aktiv zu werden.

*

US-Senator Borah war es gewesen, der den Begriff «the phoney war» geprägt hatte. Die Deutschen nannten es «Sitzkrieg» und die Franzosen «drôle de guerre». Es war eine Phase, während der sich die Gegner an den Rheinufern gegenüberlagen und sich gegenseitig belauerten, ebenso in ihren Befestigungsstellungen von Westwall und Maginotlinie. Man war unentschlossen bezüglich der nächsten Schritte, während weiter im Osten das polnische Volk verblutete. Und hinter der Bühne des tragischen Geschehens gab es nicht wenige, die zur Einstellung der Feindseligkeiten bereit waren, sobald Polens Schicksal endgültig besiegelt war.
Die meisten Briten und Franzosen hatten sich bereits mit einem Krieg wegen Polens abgefunden. Wenn sie auch nicht eben begeistert waren, so wa-

141 *Von einem Hausdach an der Straße Okecie–Warschau, 3 km südwestlich der Metropole, ist deutlich die Wirkung der Fliegerangriffe und des Artilleriefeuers zu erkennen. Großbrände zehren die gequälte Stadt aus.*

142 *In dem rund 14 km südwestlich Warschaus gelegenen Schloß Falenty treffen sich am 25. September 1939 Generaloberst von Brauchitsch (links) und Generalstabschef Halder (rechts) mit Generalleutnant Kaempf, dem Kommandeur der 31. Infanteriedivision.*

143 *Thorn am 28. September 1939. Blick über die Weichsel auf die gesprengte Straßenbrücke und die Stadt.*

144 *Polnische Truppen – geschlagen in ungleichem Kampf, nicht zuletzt auch durch Fehleinschätzungen seitens der polnischen Staatsführung.*

145 *Am 30. September erst ergibt sich die Festung Modlin, wo die polnischen Soldaten nun auf ihren Abtransport warten.* ▷

146 *Ein Bild, das sich künftig millionenfach in Europa wiederholen sollte: Menschen auf der Flucht. Im September 1939 sind es die Polen, die mit armseliger Habe zumindest ihr Leben retten wollen.*

«Die Zeitungen – besonders die von der Linken und den Juden kontrollierten – vertreten die Auffassung, daß Frieden erst dann möglich sein wird, wenn der Nationalsozialismus mit Stumpf und Stiel ausgemerzt ist... So werden die beiden verwandtschaftlich nächsten und diszipliniertesten Rassen der Menschheit die Feindseligkeiten so lange fortsetzen, bis beide ausgeblutet sind.»

Memorandum für den
Duke of Westminster
12. September 1939

ren sie aber noch weniger auf die Opfer vorbereitet, die ein Krieg notgedrungen mit sich brachte, ebensowenig wie ihre deutschen Gegner. Noch lag der totale Krieg in weiter Ferne, aber dennoch machten jedem einzelnen bereits die Folgen der gegenwärtigen Entwicklung zu schaffen. Da kann es nicht verwundern, daß seitens der wenigen Verräter in Paris und London, die einen deutschen Sieg herbeiwünschten, sowie der zahlreichen Friedensapostel in England und Frankreich, die das Blut ihrer Völker nicht auf dem Altare Polens opfern wollten, Vermittlungsangebote des belgischen Königs Leopold und der niederländischen Königin Wilhelmina aufrichtig begrüßt wurden.

«Selbst derjenige, der Hitlers Gedankengänge nicht besonders gut kennt, wird erkennen müssen, daß Hitler auf zwei Ereignisse wartet. Zum einen hofft er, daß Deutschlands Überlegenheit in der Luft und seine Übermacht an motorisierten Einheiten Großbritannien und Frankreich zur Überzeugung bringen mögen, daß ein Verhandlungsfrieden einer möglichen Vernichtung oder Besetzung beider Länder vorzuziehen ist. Zum zweiten weiß er, daß – sollte sich die erste Hoffnung nicht erfüllen – die Wintermonate seiner Propaganda genügend Zeit geben, die Moral der französischen Armeen zu brechen. Seine Chancen für eine Sommeroffensive würden dadurch erheblich steigen.»

Sumner Welles
Unterstaatssekretär im
amerikanischen Außenministerium

So blieb Polen auch weiterhin auf sich allein gestellt, während im Westen die starken Armeen der Franzosen und Briten in Nichtstun verharrten, «Gewehr bei Fuß».

«Den ganzen Tag über bin ich von Berlin durch Pommern und den Korridor hierher nach Zoppot gefahren. Die Straßen sind bevölkert von motorisierten deutschen Kolonnen, die aus Polen zurückkehren. In den Wäldern des Korridors liegt der ekelerregende Geruch toter Pferde und der noch süßlichere toter Menschen. Hier, so geben die Deutschen an, trat eine ganze polnische Kavallerie-Division gegen Hunderte deutscher Panzer an und wurde vernichtet.»

W. Shirer

Am 17. September war das gesamte polnische Feldheer westlich des Bug eingekesselt. Von Osten her aber kam eine weitere Bedrohung auf Polen zu. Stalin streckte seine Hand nach jenen Teilen polnischen Bodens aus, die ihm fast einen Monat zuvor in den Geheimklauseln zum deutsch-sowjetischen Nichtangriffspakt zugesprochen worden waren.

«Die Straße nach Tarnopol war sehr heiß und unsere Füße und Schuhe in so armseligem Zustand nach fast viertägigem, ununterbrochenem Marsch, daß der harte Straßenbelag nicht mehr lange ausgehalten werden konnte... Ich befand mich in Begleitung von acht Sanitätsoffizieren, seit ich einen von ihnen einige Kilometer zuvor nach einem Verband für meine Füße gefragt hatte. Irgend etwas Besonders mußte sich ereignet haben, darüber waren wir uns einig.
‹Ich werde schon noch herausfinden, was los ist!› meinte einer ironisch. ‹Vielleicht hat Hitler sich zur Kapitulation entschlossen!›
‹Na ja! Wir werden es bald wissen›, sagte der Hauptmann und entfernte sich.
Nach wenigen Minuten bereits kam er völlig außer Atem und aufgeregt zurück und rief uns schon von weitem entgegen: ‹Die Russen haben die Grenze überschritten! Auch sie haben jetzt polnischen Boden betreten...›»

Leutnant Jan Karski
17. September 1939

Wyschinski, der sowjetische Parlamentskommissar für auswärtige Angelegenheiten, bestellte den polnischen Botschafter zu sich zur Entgegennahme einer Kremlnote. In Vorahnung dessen, was nun auf sein Volk zukommen würde, bat der Botschafter um Aufklärung über den Inhalt, bevor er sie entgegennahm.
Es handelte sich, wie ihm daraufhin eröffnet wurde, um die Feststellung, daß die Republik Polen aufgehört habe zu existieren. «Polen wird nie aufhören zu existieren!» antwortete der Diplomat lautstark und verweigerte die Annahme.
Wyschinski drängte sie jedoch dem Botschafter auf. Der aber warf sie kurzentschlossen auf den Tisch zurück. «Niemals!» schrie er.
Zehn Minuten lang wanderte das Schriftstück so

147 *Volksdeutsche Flüchtlinge nach dem Einmarsch deutscher Truppen.*

148 *Mit den notwendigsten Habseligkeiten beladene evakuierte Polen in Schwarzenau (dem «Wartheland» einverleibt) in der Nähe des Bahnhofs.*

150 *Gründlich geht der bald berüchtigte SD zu Werke und spürt die geheimen Waffenverstecke polnischer Widerstandskämpfer auf, auch wenn sie als ehrfurchtgebietende Gräber getarnt sind.*

◁ 149 *Kaum haben sich die Deutschen in der heftig umkämpften Hauptstadt Warschau eingerichtet, beginnt der Leidensweg jüdischer Einwohner, die noch nicht wissen, wo der einmal enden wird. Spätestens am 21. September haben die verbrecherischen Vernichtungsaktionen gegen die jüdischen Bewohner in den von deutschen Truppen besetzten Gebieten eingesetzt. Die Einsatzgruppen des SD folgten der politischen Maxime «Ausrottung des Gegners». Das Martyrium der Millionen hatte begonnen. Am Ende stand die «Endlösung».*

hin und her, bis schließlich der Pole zornig den Raum verließ. Als er aber zur Botschaft zurückkehrte, erwartete ihn dort bereits ein Kurier des Kreml mit der Note in der Hand. Auch er wurde unverrichteter Dinge zurückgeschickt. Sollte der Kreml dieses wichtige Schreiben nicht an den Adressaten bringen? Nach zwanzig Stunden kam den Russen ein Einfall. Die Note wurde in einen Moskauer Briefkasten geworfen und Rußlands Erklärung über die Beendigung der Existenz eines selbständigen Polen erreichte den Empfänger mit der normalen Post. Am 17. September marschierten auf Ersuchen Hitlers zwei russische Heeresgruppen in Ostpolen ein.

*

151 *Mühsam bahnt sich deutsche Infanterie im Schutz eines Panzerkampfwagens den Weg über eine Vorstadtstraße Warschaus. Der Kampf um die polnische Metropole erwies sich als unerwartet schwierig, wodurch auch Hitler sich nach mehrtägigem Warten gezwungen sah, verspätet als Sieger einzuziehen.*

«Die Situation ist derart, daß alle abgeschnittenen Einheiten als verloren betrachtet werden müssen... Es gibt nur noch geringe Hoffnung... In Anbetracht dieser Situation sehe ich es als meine Pflicht an, die Schande auf mich zu nehmen und Sie darum zu ersuchen, mit mir zu verhandeln, falls Sie dazu bereit sind.»

General Bortnowski

Zu Beginn der dritten Kriegswoche war die polnische Armee zwar zersplittert, doch keineswegs geschlagen. Das Oberkommando hatte zwei Armeen zur Verstärkung der Warschauer Garnison zurückgezogen. Für die Hauptstadt selbst gab es einen Augenblick der Ruhe, als die deutsche Armee auf dem Westufer der Weichsel ihre volle Aufmerksamkeit auf die von Nordosten heranrückenden Armeen lenkte. Kurz darauf aber drohte der Hauptstadt eine andere Gefahr von jenseits des Stromes. Die 3. deutsche Armee, die aus Ostpreußen herangerückt war, näherte sich von Süden her der Stadt und bedrohte ihren Vorort Praga.
Immer noch hielten auch an der Küste einige Tausend Polen aus. Gdingen war noch acht Tage nach Abriegelung des Korridors in polnischer Hand geblieben, und die Halbinsel Hela, rund dreißig Kilometer nördlich Gdingens, befand sich noch lange nach dem Fall Warschaus, bis zum 1. Oktober, in polnischem Besitz.

«Als das Regiment, dem wir gegenüberlagen, endlich zum Angriff überging, geschah das ohne Befehl und außerdem zu spät. Es mußte schwere Verluste hinnehmen, ohne sein Ziel zu erreichen. Bei dieser Gelegenheit wurde auch mein Adjutant Oberstleutnant Braubach schwer verwundet und starb an den Folgen. Feuer unserer eigenen Truppen, die weiter hinten in Stellung gegangen waren, fiel über unsere vorgerückten Einheiten her. Braubach war zurückgeeilt, um dem Einhalt zu gebieten. Dabei wurde er aus einer Entfernung von 100 Metern von der Kugel eines polnischen Heckenschützen getroffen. Es war für mich ein schmerzlicher Verlust.»

General Guderian
am 17. September 1939

152 *Eine riesige Rauchwolke liegt über der polnischen Hauptstadt, als wiederum deutsche Bomber abdrehen. Und es sind nicht nur militärische Ziele, die getroffen sind.*

153 *Polen – hier der Warschauer Vorort Ochota am 30. September 1939 – liegt in Trümmern. Deutsche Soldaten und polnische Polizisten übernehmen es, «Ordnung» in den zerstörten Stadtvierteln sicherzustellen.*

154 *Letzter Stützpunkt polnischen Widerstandes: die Halbinsel Hela, die sich erst am 2. Oktober 1939 ergab. Die in ihrem Hafen liegenden polnischen Kriegsschiffe – hier der Minenleger «Gryf» – waren durch Fliegerbomben weitgehend zerstört.*

155 *Die Verhandlungen zur Übergabe von Hela fanden im Kurhaus Zoppot statt. Die deutsche Delegation wurde von General Kaupisch angeführt.*

156 *Die Kapitulation der polnischen Hauptstadt. General Blaskowitz (rechts) im Gespräch mit General Kutrzewa, dem Wortführer der polnischen Unterhändler für die Übergabe der Stadt.*

«Wir konnten sehen, daß die Deutschen die Polen von drei Seiten her eingeschlossen hatten. Von See her standen sie unter Beschuß der deutschen Zerstörer, die damit die vierte Seite abriegelten. Die Deutschen setzten alle verfügbaren Waffen ein: Kanonen, Kleinfeuerwaffen, Panzer und Flugzeuge. Die Polen hingegen verfügten nur über Maschinengewehre. Eine aussichtslose Lage für die Polen! Dennoch gaben sie nicht auf, und selbst die bei uns befindlichen deutschen Offiziere lobten diesen Mut. Unmittelbar unter uns stehen Frauen und Kinder auf den Straßen Gdingens herum. Stumme Zeugen der ungleichen Schlacht.

W. Shirer
19.–20. September 1939

«Der heutige Tag wird Zeuge unseres Einmarsches in das herrliche Danzig.»

Generalmajor Erwin Rommel
19. September

«Am Nachmittag fuhren wir zum Danziger Gildehaus, um Hitler bei seiner ersten Ansprache seit seiner Rede vom 1. September im Reichstag zu erleben. Ich saß unmittelbar am Gang. Als er vorbeischritt, kam er mir viel herrischer vor, als ich ihn jemals gesehen hatte. Bei der Erwähnung Großbritanniens wurde hysterische Wut in seinem Gesicht erkennbar. Hinterher vertraute mir jemand aus Nazikreisen an, daß der ‹Alte› aus besonderen Gründen so wütend war. Er hatte nämlich gehofft, die heutige Ansprache in Warschau halten zu können und in dieser Absicht drei oder vier Tage außerhalb der polnischen Hauptstadt abgewartet, um wie ein römischer Cäsar als Sieger einziehen zu können. Als dann aber die polnischen Verteidiger keinerlei Anzeichen einer Aufgabe erkennen ließen und den erbitterten Widerstand fortsetzten, sei ihm der Geduldsfaden gerissen und er nach Danzig geeilt, um dort seine Rede zu halten.»

W. Shirer
am 19. September

157 *«Der Führer» grüßt anläßlich der Siegesparade in Warschau einen I.G.-Zug.*

158 *Beutesammelstelle mit polnischem Kriegsmaterial vor dem Kilinskiemy-Denkmal in Warschau.* ▷

Am gleichen Tage noch, als Hitler in Danzig seine Ansprache hielt, wurde Warschau in eine Festung umgewandelt. 30000 Überlebende der Schlacht an der Bzura verstärkten spürbar die Kraft der Verteidiger, so daß die Deutschen zu dem Entschluß kamen, die Hauptstadt durch Flugzeuge und Artillerie in Grund und Boden zu stampfen.

«Die größten Erfolge erzielten wir mit unseren 30,5-cm-Granatwerfern, deren Donner tagelang Warschaus Stimme zu sein schien. Ununterbrochen feuerte eine Batterie nach der anderen, deckte die Hauptstadt mit einem Metallhagel ohnegleichen ein, drang in Fenster ein und riß Fensterrahmen und Türen aus dem Mauerwerk. Des Nachts senkte sich in leuchtenden Farben ein Feuerteppich über die Stadt. Die Erde bebte, und unsere Trommelfelle schienen dem Donner kaum standhalten zu können. Rauchsäulen wie aus gewaltigen Zigarren stiegen aus den brennenden Trümmern auf und legten sich über die Stadt. Und immer wieder schlugen allerorts Feuerzungen nach oben. Rot wie Blut verfärbten sich die Wolken am Himmel.»

Deutscher Beobachter
zitiert in der «Times»
am 5. Oktober 1939

Das Bombardement steigerte sich fast stündlich zu einem unvorstellbaren Crescendo, bis schließlich am 25. September das Leben in der Stadt fast erloschen war. Strom, Gas und Telefon waren ebenso erstorben wie die Wasserleitungen, deren man zum Löschen der ungezählten Brände so dringend bedurft hätte.
Es fehlte an allem, und selbst die Krankenhäuser konnten kaum mehr etwas für die vielen Verwundeten tun, die auch Hotels und Cafés füllten. Dennoch wurde der Verteidigungskampf weitergeführt. Major Starzynski jedenfalls war dazu entschlossen. Als aber der Mangel an Munition spürbar wurde, nahmen am Morgen des 27. September polnische Unterhändler Kontakt mit dem Hauptquartier des Generals Blaskowitz auf. Um 13.15 Uhr des folgenden Tages wurde die Kapitulation Warschaus unterzeichnet. Zweitausend Soldaten und 10000 Zivilisten hatten in der Hölle ihr Leben lassen müssen.

«Nach der Kapitulation der Stadt am 29. September wechselten wir aus den Sonderzügen auf Straßenfahrzeuge über und fuhren so nach Warschau. Unser dreitägiger Aufenthalt in der Hauptstadt hinterließ in mir einen der nachhaltigsten und entsetzlichsten Eindrücke des ganzen Krieges. Unsagbar, was aus dieser einst so schönen Stadt geworden war – zusammengesunkene und ausgebrannte Häuser, hungernde und leidgeprüfte Menschen. Die Nächte waren bereits empfindlich kalt, und eine Wolke aus Asche und Rauch lag über der Stadt. Überall schlug einem der süßliche Geruch verbrannten Fleisches entgegen. In einer oder zwei Straßen versuchten vereinzelt Gruppen polnischer Nationalisten, den Kampf fortzusetzen. Ansonsten aber war es überall ruhig. Warschau war tot.»

Schellenberg
SD-General

«Warschau ist schwer mitgenommen. Jedes zehnte Haus ist ausgebrannt. Kein Geschäft ist mehr ganz. Die Inhaber haben die zertrümmerten Fensterscheiben durch Bretter ersetzt. Kein Wasser, kein Strom, kein Gas und keine Lebensmittel seit zwei Tagen... Die Hauptstraßen sind versperrt... Die Menschen sind wahrscheinlich erleichtert, daß wir gekommen sind und diesem allem ein Ende machen.»

Generalmajor Erwin Rommel

*

◁ 159 *Hitlers großer Tag in Warschau, der 5. Oktober 1939. Endlich kann er den Vorbeimarsch der siegreichen deutschen Truppen abnehmen.*

160 *An der Demarkationslinie zwischen dem von Deutschen bzw. Russen besetzten Staatsgebiet des erneut geteilten Polens.*

Ja, jetzt war wirklich alles vorbei. Polnische Soldaten, die den Deutschen noch entkommen waren, liefen direkt den Russen in die Arme. Die Kapitulation des Landes war unausweichlich geworden.
Als die letzten polnischen Feldtruppen, 17000 Mann unter Generalmajor Kleeberg, am 6. Oktober bei Kock und Lublin den sinnlos gewordenen Kampf eingestellt hatten, zählten die Deutschen 700000 und die Russen, mit denen am 28.9. ein Grenz- und Freundschaftsvertrag unterzeichnet worden war, 200000 Gefangene. Zumeist über Ungarn konnten 100000 polnische Soldaten zu den Alliierten entkommen. Nicht entkamen jene über 4000 polnischen Offiziere, deren Massengräber erst im April 1943 im Dorf Katyn bei Smolensk entdeckt wurden.
Nicht entkamen Tausende polnischer Adliger, Politiker, Intellektueller, Geistlicher und Bürger im Gebiet des bald darauf im Oktober gebildeten «Generalgouvernements». Die Ausrottung der polnischen Oberschicht dort meldete Heydrich, Chef der Gestapo, der Sicherheitspolizei und des SD, bereits am 27. September 1939. Fünf Einsatzkommandos, gebildet aus Gestapo, Sicherheitsdienst und fallweise zusammengestellten Polizeieinheiten, hatten, dicht hinter den vorrückenden Truppen der Wehrmacht, sich ihres Auftrags entledigt, die polnische Führungsschicht sowie «staatspolizeilich unerwünschte» Gruppen zu vernichten. Nach dem Urteil der Historiker kam die Idee dazu unzweifelhaft von Hitler selbst. Der Wahn von der Herrenrasse und der verbrecherische Antisemitismus richteten sich schon bald gegen die polnischen Juden. Die Männer mit den SD-Rauten am linken Ärmel der Felduniform der SS-Verfügungstruppe trieben jüdische Einwohner in Ghettos zusammen. Ab Mitte September begann die «Einsatzgruppe z.B.V.» unter SS-Obergruppenführer von Woyrsch, Juden planmäßig auszurotten. Auf Einspruch der Militärverwaltung verfügte Himmler zwar Ende September die Einstellung aller Tötungsaktionen. Als Hitler aber Klagen über das «mangelnde Verständnis» der Wehrmacht gegenüber «bevölkerungspolitischen Maßnahmen» zu Ohren kamen, entzog er dem Oberbefehlshaber des Heeres die Ausübung der vollziehenden Gewalt in den besetzten Ostgebieten. Der menschenverachtende Vernichtungsfeldzug der SS-Willkür nahm seinen Fortgang – bis zur «Endlösung».
Was bis dahin an Unterdrückung und Grausamkeiten zwischen Deutschen und Polen, Polen und Deutschen im jahrzehntelangen «Volkstumskampf» der Mehrheiten und Minderheiten geschehen war, ging unter in einem Meer von Blut und dann in der Tötungsmaschinerie der NS-Vernichtungslager.

«Die Ruhe wurde plötzlich von einem Seufzer unterbrochen, der von irgendwoher aus unseren Reihen kam. Einen Augenblick lang hielt ich es für eine Halluzination. Doch dann wiederholte er sich, ein heiserer, tränenerstickter Schluchzer, der sich von einer menschlichen Kehle losriß. Dann wurde er immer lauter und schmerzerfüllter, bis er mit einem Mal in eine hysterisch weinende Stimme umschlug: ‹Brüder, das ist die vierte Teilung Polens. Gott, hab Erbarmen!› Ein Schuß, der diesem Ausruf folgte, verbreitete Angst und Schrecken.»
Leutnant Jan Karski

161 *In Thorn wird nach der deutschen Besetzung umgehend für eine schnelle Arbeitsvermittlung gesorgt.* ▷

«Jetzt, da es Polen vernichtet hat, sucht Deutschland Frieden mit dem Westen. Heute lief eine große Friedensoffensive an. Zeitungen und Rundfunk sind voll davon. Warum sollen Frankreich und Großbritannien jetzt kämpfen? Es gibt keinen Grund dazu. Deutschland hat keine Absichten im Westen.»

W. Shirer
am 26. September 1939

«Der nächste Schritt war Böhmen, Mähren und Polen. Aber dieser Schritt war nicht in einem Zuge zu tun. Zunächst mußte im Westen der Westwall fertiggestellt werden. Es war nicht möglich, das Ziel in einem Anhieb zu erreichen. Vom ersten Augenblick an war mir klar, daß ich mich nicht mir dem sudetendeutschen Gebiet begnügen könnte. Es war nur eine Teillösung. Der Entschluß zum Einmarsch in Böhmen war gefaßt. Dann kam die Errichtung des Protektorats, und damit war die Grundlage für die Eroberung Polens gelegt, aber ich war mir zu dem Zeitpunkt noch nicht im klaren, ob ich erst gegen den Osten und dann gegen den Westen oder umgekehrt vorgehen sollte. Moltke hat seinerzeit oft die gleichen Überlegungen angestellt. Zwangsläufig kam es erst zum Kampf gegen Polen. Man wird mir vorwerfen: Kampf und wieder Kampf. Ich sehe im Kampf das Schicksal aller Wesen. Niemand kann dem Kampf entgehen, falls er nicht unterliegen will. Die steigende Volkszahl erforderte größeren Lebensraum. Mein Ziel war, ein vernünftiges Verhältnis zwischen Volkszahl und Volksraum herbeizuführen. Hier muß der Kampf einsetzen. Um die Lösung dieser Aufgabe kommt kein Volk herum, oder es muß verzichten und allmählich untergehen. Das lehrt die Geschichte...»

Hitler in einer Ansprache am 23. November 1939, zu der alle Oberbefehlshaber befohlen sind.

162 *Da Hitler die baltischen Staaten den Russen überlassen hatte, wurde die deutsche Bevölkerung dieser Gebiete in großen Umsiedlungsaktionen aus ihrer Heimat «ins Reich zurückgeführt», so etwa – wie auf diesem Bilde – in den «Warthegau».*

163 *Waffenbrüder auf Zeit – doch bald schon werden sie sich im Felde gegenüberstehen: deutsche und sowjetische Soldaten nach der endgültigen Zerschlagung Polens.*

«Als er die Kapitulation unterzeichnete, sagte der polnische General: ‹Ein Rad dreht sich immer wieder weiter.› Letzten Endes sollte er Recht behalten, wenn auch – was sein Vaterland betraf – nicht in dem von ihm gemeinten Sinne.»
General Erich von Manstein

Ende der dritten Septemberwoche 1939 hatte Hitler seinen heißen Krieg gegen Polen und seinen Wortkrieg gegen Großbritannien und Frankreich gewonnen. Mit nur geringem Einsatz hatte er sie alle drei geschlagen. Für ihn ein strahlender Sieg! In Wahrheit aber bereits die Niederlage. Denn bis zuletzt hatte er wohl nur mit dem Kriegsgegner Polen gerechnet. Jetzt aber sah er sich in den großen Krieg verstrickt. Eher als seine Weltmachtpläne es wissen wollten.

Ein Sieg zwar, doch vorerst nur der in jenem Septemberkrieg des Jahres 1939...

Nachwort

«Gebt mir fünf Jahre Zeit, und ihr werdet Deutschland nicht wiedererkennen!» So hatte Hitler in besseren Tagen seinem Volk verkündet. Im Herbst 1939 schließlich begann jene erbetene Frist, an deren Ende in der Tat kein Deutscher sein Vaterland mehr wiedererkannte – anders freilich, als Hitler es ursprünglich verstanden wissen wollte!

Ohne den raschen Sieg im September 1939 aber wäre es wohl nicht zu dem fatalen Ende für das deutsche Volk, für Europa und die gesamte Welt gekommen. Diesen Sieg jedoch, den ersten Sieg auf dem Schlachtfeld, brauchte der Führer, um Zweiflern und Gegnern innerhalb seiner Armee den Wind aus den Segeln zu nehmen. Gleichzeitig ver-

164 *So begann es, ohne jede Kriegserklärung: die «Schleswig-Holstein» eröffnet das Feuer auf die polnisch besetzte Westerplatte.*

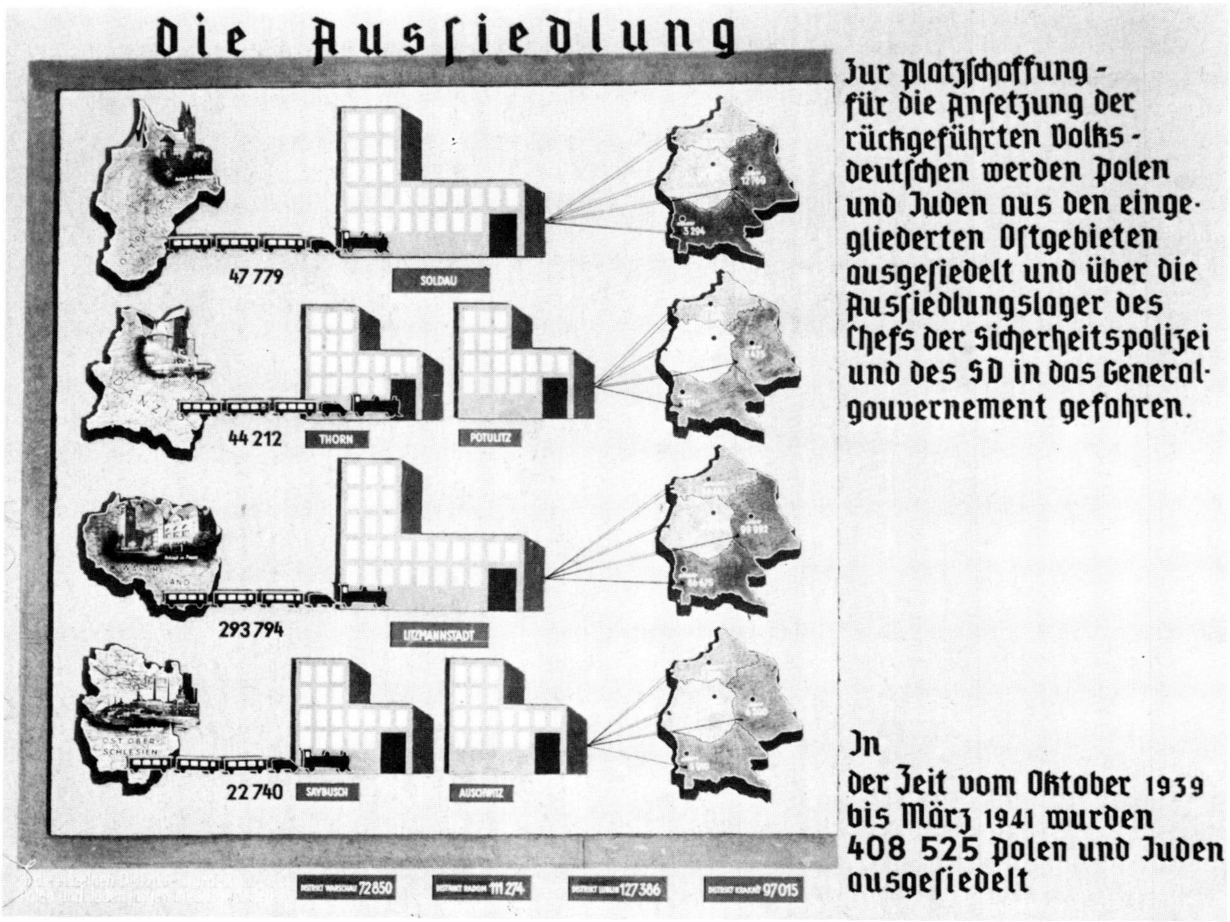

165 *Anläßlich einer Ausstellung in der deutschen Reichshauptstadt im Jahre 1941 werden die «Aussiedlungen» der voraufgegangenen Jahre in diesem Schaubild verdeutlicht. Zahlen, hinter denen sich – wie später in noch größerem Maße – endloses Leid verbirgt.*

fehlte dieser militärische Erfolg auch nicht die Wirkung auf neutrale Staaten und führte dem Reich mit Ungarn, Bulgarien und Rumänien neue Verbündete zu. Die Einschüchterung der westlichen Alliierten war auch nicht zu übersehen. All dies ließ den Glauben Hitlers an die ihm von der «Vorsehung» übertragene Rolle ins Wahnwitzige wachsen, so daß er schließlich bedenkenlos den Krieg gegen Rußland entfachte. Das brachte nunmehr Roosevelt zu der Überzeugung, daß ein Eingreifen der USA unumgänglich sei.

Damit stand die Welt in Flammen. Die Rache der verbündeten Gegner Deutschlands für den flüchtigen Septembersieg des Jahres 1939 sollte sich als entsetzlich erweisen. Jedem Zeitgenossen wurde im Frühjahr 1945 drastisch vor Augen geführt, welch verhängnisvollen Keim der vollständige Sieg Hitlers über Polen und dessen westliche Bundesgenossen in sich getragen hatte. Ebenso vollständig war die Niederlage des Deutschen Reiches, das nicht nur wirtschaftlich und militärisch zu einem Trümmerfeld geworden war, sondern auch politisch aufhörte zu existieren.

Uns allen sind auch die entsetzlichen Folgen bekannt, die anderen Teilen der Welt aus dem Sieg Hitlers im September 1939 erwuchsen: Millionen Gefallene und Getötete, Verletzte, Geschundene und Vertriebene. Und Millionen Opfer eines mörderischen Wahns, der in deutschem Namen geschah. Die Welt war ein zweites Mal in einen furchtbaren Krieg gestürzt. Ein drittes Mal darf es nicht geschehen! «Jener September» muß uns allen, die größtenteils einer neuen Generation angehören, eine eindringliche Warnung sein. Er darf sich nicht wiederholen.

166 *Nach dem Polen-Feldzug: Der Erfolg scheint ihnen recht zu geben. Verständlich, daß deutsche Soldaten nach ihrem Sieg dem bestätigten Hochgefühl der Überlegenheit Ausdruck verleihen. Knapp sechs Jahre danach sind 55 Millionen Menschen Opfer dieses Krieges geworden, gefallen, getötet, gemordet.*

Eric Taylor

1000 Bomber auf Köln

Operation Millenium 1942

Ein Bild-Text-Band

Der englische Autor Eric Taylor beschreibt anhand einer Fülle von Dokumenten, Bildern und Augenzeugenberichten beider Seiten Verlauf und Folgen des ersten britischen 1000-Bomber-Angriffs auf eine deutsche Stadt: Köln, Mai 1942.

Droste Verlag Düsseldorf